障害者差別解消法と実務対応がわかる本

改正法で
民間企業による
合理的配慮の
提供が義務に

TMI総合法律事務所
弁護士
水田 進［著］
Susumu Mizuta

中央経済社

はじめに

この本を手に取られた方の中には「合理的配慮」といった言葉を聞いたことがある方もいらっしゃるのではないでしょうか。

「合理的配慮」とは，障害者権利条約の和訳や障害者差別解消法などに見られるものであり，民間の事業者は，2024年４月１日施行の改正障害者差別解消法により，障害者に対して合理的配慮を提供する法的義務を負うことになっています。障害のある方ご自身や障害のある方と普段接することがある方にとっては馴染みがあるかもしれません。一方，普段の生活の中で障害のある方と接する機会のない方にとっては，「合理的配慮」に限らず，本書のテーマである障害者差別解消法についてご存じではない方が多いのではないでしょうか。もっとも，そのような方でも，日常生活の中で障害のある方を見かける機会は多いと思います。また，テレビをつければ，ドキュメンタリーやドラマで，あるいは，パラリンピックなどの華やかな舞台で，障害のある方の姿を見ることも多いと思います。

内閣府が公表している障害者白書には，**【図表】**のような障害者数のグラフが掲載されています（次頁図表）。これをみると，身体障害，知的障害，精神障害の３区分について，人口1,000人当たりの人数でみると，身体障害者は34人，知的障害者は９人，精神障害者は33人となっています。

複数の障害をあわせ持つ場合もあるため，単純な合計にはならないものの，国民のおよそ7.6％が何らかの障害を有していることになります。

このことからわかるのは，障害の有無や，障害への関心の有無にかかわらず，社会で生きていく以上，当然に障害のある人とのかかわりが生じ得るということです。

本書のメインテーマは障害者差別解消法です。この法律は名称のとおり，障害者への差別の解消を目指す法律で，すべての国民が，障害の有無によって分け隔てられることなく，相互に人格と個性を尊重し合いながら共生する社会の

【図表】障害者数の推移

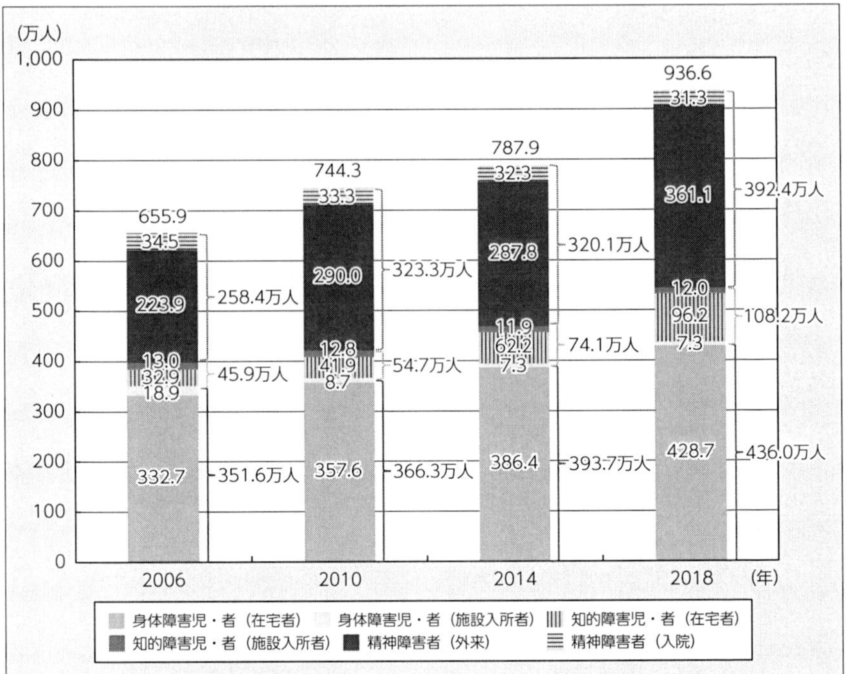

資料：内閣府「障害者白書」(平成18年版，平成22年版，平成26年版，平成30年版）より厚生労働省政策統括官付政策評価官室作成

（出所） 厚生労働省「平成30年版厚生労働白書」(https://www.mhlw.go.jp/wp/hakusyo/kousei/18/dl/all.pdf）に基づいて筆者一部修正

実現につなげることを目的としており，社会で生きていく際に気をつけるべきことが定められています。具体的には，民間企業や行政機関に対して，障害者を不合理に差別することを禁止し，また，障害者に対して合理的な配慮をする義務などを定めています（障害者雇用については，また別の法律です)。

では，仮にこれらの義務に違反した場合，何か起きるでしょうか。

まず，障害者差別解消法には罰則規定があるものの，単に障害者を不合理に差別したり，障害者に対して合理的な配慮をしなかったりした場合に，ただちに適用される罰則等は規定されていません。

とすれば，義務に違反しても何も問題はないのでしょうか。

もちろんそうではありません。まずは，義務が守られないことによって，障害のある人が困ることになります。それだけでなく，義務を守らないこと自体が法令違反＝コンプライアンス違反として問題となるでしょう。特に合理的配慮については，2021年に成立し2024年４月１日から施行される改正法により，民間の事業者についても努力義務から法的義務になったため，一層問題となり得ます。また，ビジネスを行っている企業であれば，今の世の中の流れ（コンプライアンスの問題だけでなく，差別・格差・不平等などに対する意識の変化，ダイバーシティ&インクルージョン，SDGsなど）の中で，世間の批判にさらされるでしょう。本法違反に限らず，法律やガイドライン，さらには社会の暗黙のルールに反した企業の名前や行為がSNSなどを通じてあっという間に知れわたり，非難が殺到し，不買運動のようなことが起こるといった例は，枚挙にいとまがありません。現代の企業には，このようないわゆるレピュテーションリスクも認識し，いかにそれを回避するかが求められています。

さらに，障害者差別解消法は，主務大臣が特に必要があると認めるときは，障害者に対して不当な差別的取扱いをする事業者に報告を求め，または行政措置（助言・指導・勧告）をすることができるとしており，事業者が報告をしないまたは虚偽の報告をした場合には20万円以下の過料に処せられることになります。これはあくまでも刑罰ではなく行政上の秩序罰であり，また，金額も他と比べて必ずしも多額というわけではありませんが[1]，先ほどのコンプライアンスの観点，レピュテーションリスクの観点からは致命的です。

ビジネスを行っている企業にとっては，たとえ刑罰を受けることがなくても，これらの義務を履行しなければ，本業に大きなダメージを被ってしまうことになるのです。

会社が事業を行うためには，これらの義務をきちんと遵守することが大変重

1　この他に，障害者差別解消法には，関係機関により構成される障害者差別解消支援地域協議会による守秘義務違反について１年以下の懲役または50万円以下の罰金という刑罰を定めた罰則規定もあります（同法25条，19条）。

要なのです。

本書は法律の解説書ではあるものの，私が普段仕事をさせていただくような企業の法務担当者の方々に加えて，障害のある方と接することとなる企業の現場の方々や，行政機関等，障害のある方と日ごろ接することが多い福祉施設等の方々，さらには，障害のある方自身，これまで障害に関心のなかった方々にも読んでいただき，広く法律の内容を知っていただきたいと考え，なるべく平易な表現を用いるよう心掛けました。また，法律そのものではない参考情報も豊富に盛り込んだつもりです。

私が本書を書こうと思ったきっかけは，障害者差別解消法が民間企業の義務等について定めた法律であり，特に小売業などのＢ to Ｃビジネスを行う企業等には影響が大きいものであるにもかかわらず，企業としての視点に立った実務本がないように思われたからです。そこで，本書では法律の全体像を解説するとともに，具体例を多く記載してどのような対応が望ましいのかをわかりやすいようにしました。特に第７章「実務対応」では，実務的な観点からのフローチャート等も記載しました。おそらくこれまでの障害者差別解消法の解説書にはないものです。このように，本書は企業としての視点を盛り込んだ形にしていますが，それはもちろん，企業・行政機関等・障害者を，企業VS障害者，行政機関等VS障害者というような対立構造で捉えるものではありません。いずれの当事者も社会の一員としてどのように振る舞うことが望ましいのか，お互いに認め合うとはどのようなことなのか，そういった視点で書いています。

本書が，障害者差別解消法の目的である「全ての国民が，障害の有無によって分け隔てられることなく，相互に人格と個性を尊重し合いながら共生する社会の実現」に向けた一助となることを願っています。

2023年８月

弁護士

水田　進

コラム

障害？　障碍？　障がい？

「しょうがい」という言葉については，「障害」「障碍」「障がい」といった様々な表記が用いられていますが，どれが一番適切なのでしょうか。もともと平安時代に「障碍」という言葉がありました。これは，差し障りがあるという意味の「障」という文字と，物事の発生・持続にあたって妨げになることを意味する「礙（＝碍)」という文字を組み合わせた仏教用語で，「しょうげ」と読まれていました。これが平安末期以降，仏教語から転じて「悪魔，怨霊などが邪魔すること」「さわり」「障害」の意味で使われるようになったようです。そして，明治期になり，これを「しょうがい」と読む用例が現れ，また，戦後の当用漢字には「碍」という字がなかったため，同じ音読みの「害」という字の使用が一般的になったという経緯があります。

もっとも，「害」という字は差別・偏見を助長するという考えもあり，現在では平仮名で「がい」と書くことも多くなっています。

すごく単純化しましたが，このような流れがあることも踏まえつつ，本書では，障害者差別解消法上の表記に基づいて，「障害」「障害者」という表記を使用したいと思います。

一方で，民間企業や行政機関では，柔らかみのある「障がい」「障がい者」という表現を使用したほうがよいかもしれません（もちろん安直な言い換えには批判もあります)[2]。

2　2019年（令和元年）に行われた全国満20歳以上の男女4,000人を対象とする調査結果によれば，「障害」「障碍」「障がい」という表記のうち「見たことがあり，抵抗感はない」という回答が最も多いのは「障害」（80％）で，次いで「障がい」（63％），「障碍」（９％）となっています（日本放送協会の第1441回放送用語委員会（東京）「「障害」という表記について」（2019年））。

どのような表記・表現が好ましいかは大変難しい問題です。ただし，これは何も「しょうがい」に限った話ではありません。たとえば，子供の表記は「子供」「子ども」のいずれがよいかについて，まだ社会のコンセンサスはない状態だと思います。また，性差をなくすという観点から，「看護婦」から「看護師」へ，「スチュワーデス」から「キャビンアテンダント」へと呼称の統一が図られてきましたが，たとえば配偶者を何と呼ぶべきか（「主人」「旦那」という表現はどうか，「家内」「奥様」「嫁」と呼ぶことは好ましくないのではないか等々）については現在も議論されているところかと思います。

また，日本語に限らず，たとえば英語における「handicapped」「disabled」「challenged」などの表現の適否，英語の人称代名詞（He／She）の使い方の適否など，国内外を問わず，古くから表記・表現については議論が交わされていて，数え上げればきりがありません。

言葉はその時々の時代・社会で変化するものであり，使う人・場面に応じて適切な表現は何かを考えながら使い，それを継続的にアップデートしていくことが大切だと思います。

目　次

第1章

障害者差別解消法とは

1　はじめに

障害者差別解消法とは，その正式な名称を「障害を理由とする差別の解消の推進に関する法律」[1]といいます。つまり，「障害を理由とする差別」の「解消」を「推進」するための法律というわけです。

この法律は，障害者基本法が定める差別の禁止の基本原則を具体化するものであり，障害を理由とする差別の解消の推進に関する基本的な事項や，国の行政機関，地方公共団体，民間の事業者などにおける障害を理由とする差別を解消するための措置などについて定めることで，すべての国民が，障害の有無によって分け隔てられることなく，相互に人格と個性を尊重し合いながら共生する社会の実現につなげることを目的としています。

また，普及啓発活動等を通じて，障害者も含めた国民１人ひとりが，それぞれの立場で自発的に差別の解消に取り組むことも促しています。

このように，差別の禁止だけではなく，それを社会において実効的に推進するための措置などを定め，これらを通じて差別のない社会を目指すものであるため，法律の名称も「差別の禁止」ではなく「差別の解消」とされているのです[2]。

1　平成25年法律65号

障害者差別解消法では１条にその目的を規定しており，これが同法の解釈や運用の指針となります。

> （目的）
> 第１条
> この法律は，障害者基本法（昭和45年法律第84号）の基本的な理念にのっとり，全ての障害者が，障害者でない者と等しく，基本的人権を享有する個人としてその尊厳が重んぜられ，その尊厳にふさわしい生活を保障される権利を有することを踏まえ，障害を理由とする差別の解消の推進に関する基本的な事項，行政機関等及び事業者における障害を理由とする差別を解消するための措置等を定めることにより，障害を理由とする差別の解消を推進し，もって全ての国民が，障害の有無によって分け隔てられることなく，相互に人格と個性を尊重し合いながら共生する社会の実現に資することを目的とする。

なお，2021年（令和３年）５月には，事業者による合理的配慮の提供を義務づけるとともに，行政機関の相互の連携の強化を図り，相談体制の充実や事例の収集・提供の確保など，障害を理由とする差別を解消するための支援措置を強化する措置を講ずることを内容とする改正法が成立しました。

この改正法の施行日は，2024年（令和６年）４月１日です（以下この改正法を「改正法（2024年施行）」といいます）。

2　内閣府障害者施策担当作成による2013年（平成25年）６月付け「障害を理由とする差別の解消の推進に関する法律Q&A集」問６－１

コラム

法律の正式名称と略称

法律の名称が長い場合，名称自体が説明文のようになっていて，どのようなことが定められているかがイメージしやすいことも多いですが，一方で，端的に何の法律なのかがわかりづらい，呼びづらい，というデメリットもあります。

本書の対象である「障害を理由とする差別の解消の推進に関する法律」も長い名称であり，一般的には「障害者差別解消法」という略称で呼ばれています。正式名称では「障害を理由とする差別」の解消という表現が使われていますので，厳密には「障害『者』差別解消法」という略称が果たして適切なのかという疑問もあり得ますが，行政庁をはじめ「障害者差別解消法」という呼称を使用するのが一般的であり，本書もそれに倣っています。

なお，本法は元々は障害者差別「禁止」法とすることも検討されていましたが，差別の禁止だけでなく，すでに存在する差別を解消することも目的とするため，「障害者差別『解消』法」という名称となりました。

２　概　要

(1)　行政機関等・民間の事業者の義務

障害者差別解消法は，前述の目的を実現するために，行政機関等[3]および民間の事業者[4]に対して，主に以下の３つを義務づけています（法５条，７条，８条）。それぞれの義務の詳細は，後述第４章「不当な差別的取扱いの禁止」，第５章「合理的配慮の提供」，第６章「環境の整備」を参照してください。

- 不当な差別的取扱いの禁止
- 合理的配慮の提供
- 環境の整備

これらの義務は，2024年（令和６年）４月１日施行の改正法により，以下のとおり変更されています。

3 「行政機関等」とは，国の行政機関，独立行政法人等，地方公共団体（地方公営企業法（昭和27年法律292号）第３章の規定の適用を受ける地方公共団体の経営する企業を除く。７号，10条および附則４条１項において同じ）および地方独立行政法人をいいます（法２条３号）。

4 「事業者」とは，商業その他の事業を行う者（国，独立行政法人等，地方公共団体および地方独立行政法人を除く）をいいます。

【図表1－1】障害者差別解消法の改正前後

〈従前の障害者差別解消法〉

	行政機関等	民間の事業者
不当な差別的取扱いの禁止	◎（法的義務）	◎（法的義務）
合理的配慮の提供	◎（法的義務）	**○（努力義務）**
環境の整備	○（努力義務）	○（努力義務）

〈改正法（2024年施行）〉

	行政機関等	民間の事業者
不当な差別的取扱いの禁止	◎（法的義務）	◎（法的義務）
合理的配慮の提供	◎（法的義務）	**◎（法的義務）**
環境の整備	○（努力義務）	○（努力義務）

⑵　国民の責務

障害者差別解消法は，行政機関等や民間の事業者の義務だけでなく，障害者を含めた国民１人ひとりについても，普及啓発活動等を通じて，それぞれの立場において自発的に障害を理由とする差別の解消の推進に取り組むことを促しています（法４条）。

⑶　基本方針・対応要領・対応指針

さらに，障害者差別解消法は，政府に対して，障害を理由とする差別の解消の推進に関する施策を総合的かつ一体的に実施するために，障害を理由とする差別の解消の推進に関する基本方針（以下「基本方針」といいます）を定める義務を課しており（法６条），この定めに基づき，政府は基本方針を定めています[5]。

そして，同法は，主務大臣に対して，基本方針に即して，民間の事業者における障害を理由とする差別の禁止（法８条）に関し，民間の事業者が適切に対応するために必要な指針（以下「対応指針」といいます）を定める義務を課しており（法11条１項），この定めに基づき，各主務大臣は対応指針をそれぞれ定めています。

なお，改正法（2024年施行）を踏まえ，内閣は2023年（令和５年）３月14日付けで閣議決定をして，改定した基本方針を公表しています。これは同改正法が施行されるタイミングで効力を生じます。

また，対応指針については，その改定された基本方針を踏まえて，各省庁において改定作業が進められており，これらの改定された対応指針も改正法（2024年施行）が施行されるまでに公表され，同改正法の施行のタイミングで効力を生じることになります。

したがって，改正法（2024年施行）が施行されるまでは，会社や店などの民間の事業者は，事業を所管する国の行政機関が作成したガイドラインである従前の「対応指針」を参考にして，差別的取扱いをせず（法的義務），また，合理的配慮の提供をするよう努力することとなり（努力義務），また，改正法（2024年施行）の施行日である2024年（令和６年）４月１日以後は，同改正法に合わせて改定・公表された対応指針に沿って，合理的配慮の提供をすることが義務づけられることになります（法的義務）。

なお，内閣府がホームページ上で各行政機関の対応指針をまとめて公表しており[6]，改正法（2024年施行）の施行前の障害者差別解消法について公表されている対応指針は，**【図表１－２】**のとおりです。

5　基本方針案の検討にあたっては，障害者政策委員会において，障害者団体・事業者等の関係者からのヒアリングと，当事者団体等30団体・事業者等25団体からの意見を参照して審議が行われ，30日間のパブリックコメントを行った上で2015年（平成27年）２月24日に閣議決定されました。

6　http://www8.cao.go.jp/shougai/suishin/sabekai/taioshishin.html

【図表１－２】改正障害者差別解消法施行前の対応方針

内閣府
内閣府本府所管事業分野における障害を理由とする差別の解消の推進に関する対応指針 (https://www8.cao.go.jp/shougai/suishin/sabekai/pdf/taioshishin.pdf)
国家公安委員会
国家公安委員会が所管する事業分野における障害を理由とする差別の解消の推進に関する対応指針 (https://www8.cao.go.jp/shougai/suishin/sabekai/pdf/taioshishin_npsc.pdf)
金融庁
金融庁所管事業分野における障害を理由とする差別の解消の推進に関する対応指針 (https://www8.cao.go.jp/shougai/suishin/sabekai/pdf/taioshishin_fsa.pdf)
消費者庁
消費者庁所管事業分野における障害を理由とする差別の解消の推進に関する対応指針 (https://www8.cao.go.jp/shougai/suishin/sabekai/pdf/ts_caa.pdf)
復興庁
復興庁所管事業分野における障害を理由とする差別の解消の推進に関する対応指針 (https://www8.cao.go.jp/shougai/suishin/sabekai/pdf/taioshishin_rec.pdf)
総務省
総務省所管事業分野における障害を理由とする差別の解消の推進に関する対応指針 (https://www8.cao.go.jp/shougai/suishin/sabekai/pdf/taioshishin_mic.pdf)
法務省
法務省所管事業（債権管理回収業・認証紛争解決事業）分野における障害を理由とする差別の解消の推進に関する対応指針 (https://www8.cao.go.jp/shougai/suishin/sabekai/pdf/taioshishin_moj1.pdf)
法務省所管事業（公証人・司法書士・土地家屋調査士）分野における障害を理由とする差別の解消の推進に関する対応指針 (https://www8.cao.go.jp/shougai/suishin/sabekai/pdf/taioshishin_moj2.pdf)
法務省所管事業（更生保護事業）分野における障害を理由とする差別の解消の推進に関する対応指針 (https://www8.cao.go.jp/shougai/suishin/sabekai/pdf/taioshishin_moj3.pdf)
外務省
外務省所管事業分野における障害を理由とする差別の解消の推進に関する対応指針 (https://www8.cao.go.jp/shougai/suishin/sabekai/pdf/taioshishin_mofa.pdf)

財務省
財務省所管事業分野における障害を理由とする差別の解消の推進に関する対応指針 (https://www8.cao.go.jp/shougai/suishin/sabekai/pdf/ts_mof.pdf)
文部科学省
文部科学省所管事業分野における障害を理由とする差別の解消の推進に関する対応指針 (https://www.mext.go.jp/a_menu/shotou/tokubetu/material/1364725.htm)
厚生労働省
福祉分野における事業者が講ずべき障害を理由とする差別を解消するための措置に関する対応指針 (https://www.mhlw.go.jp/seisakunitsuite/bunya/hukushi_kaigo/shougaishahukushi/sabetsu_kaisho/dl/fukushi_guideline.pdf)
医療分野における事業者が講ずべき障害を理由とする差別を解消するための措置に関する対応指針 (https://www.mhlw.go.jp/seisakunitsuite/bunya/hukushi_kaigo/shougaishahukushi/sabetsu_kaisho/dl/iryou_guideline.pdf)
衛生分野における事業者が講ずべき障害を理由とする差別を解消するための措置に関する対応指針 (https://www.mhlw.go.jp/seisakunitsuite/bunya/hukushi_kaigo/shougaishahukushi/sabetsu_kaisho/dl/eisei_guideline.pdf)
社会保険労務士の業務を行う事業者が講ずべき障害を理由とする差別を解消するための措置に関する対応指針 (https://www.mhlw.go.jp/seisakunitsuite/bunya/hukushi_kaigo/shougaishahukushi/sabetsu_kaisho/dl/sharoushi_guideline.pdf)
医療機関における障害者への合理的配慮事例集 (https://www.mhlw.go.jp/seisakunitsuite/bunya/hukushi_kaigo/shougaishahukushi/sabetsu_kaisho/dl/sanko_iryoujireisyu.pdf)
農林水産省
農林水産省所管事業分野における障害を理由とする差別の解消の推進に関する対応指針 (https://www8.cao.go.jp/shougai/suishin/sabekai/pdf/taioshishin_maff.pdf)
経済産業省
経済産業省所管事業分野における障害を理由とする差別の解消の推進に関する対応指針 (https://www8.cao.go.jp/shougai/suishin/sabekai/pdf/ts_meti.pdf)
国土交通省
国土交通省所管事業における障害を理由とする差別の解消の推進に関する対応指針 (https://www.mlit.go.jp/common/001180785.pdf)

環境省
環境省所管事業分野における障害を理由とする差別の解消の推進に関する対応指針 (https://www8.cao.go.jp/shougai/suishin/sabekai/pdf/ts_env.pdf)

また，同法は，行政機関等における障害を理由とする差別の禁止（法７条）に関し，国の行政機関の長および独立行政法人等に対して，その職員が適切に対応するために必要な要領（以下「国等職員対応要領」といいます）を基本方針に即して定める法的義務を，また，地方公共団体の機関および地方独立行政法人に対して，その職員らが適切に対応するために必要な要領（以下「地方公共団体等職員対応要領」といいます）を基本方針に即して定める努力義務を，それぞれ課しています（法９条１項，10条１項）。

なお，雇用の分野については，差別の解消（不当な差別的取扱いの禁止，合理的配慮の提供）を定めた障害者差別解消法８条の規定は適用されず，障害者雇用促進法上の規定が適用されることになっています（法13条）。

基本方針・対応要領・対応指針など似ている表現が使用されており，一見するとわかりづらいため，【図表１－３】に概要をまとめました。

【図表１－３】障害者差別解消法に関する基本方針・対応要領・対応指針

基本方針[7]	
作成主体	政府（閣議決定）
作成義務	政府に作成義務がある
内容	障害を理由とする差別の解消に向けた，政府の施策の総合的かつ一体的な実施に関する基本的な考え方を示している

↓ 基本方針に即して作成

7　法６条

	対応指針[8]	対応要領	
		国等職員対応要領[9]	地方公共団体等職員対応要領[10]
誰に向けたものか	事業者向け	国・行政機関の職員向け	都道府県・市町村の職員向け
作成主体	主務大臣	・国の行政機関の長 ・独立行政法人等	・地方公共団体の機関 ・地方独立行政法人
作成義務	主務大臣に作成義務がある	国の行政機関の長および独立行政法人等には作成義務がある	地方公共団体の機関および地方独立行政法人には作成の<u>努力義務のみ</u>
内容	事業者が適切に対応できるように具体例などを示したガイドライン	職員が適切に対応できるように具体例などを示したガイドライン	
例	経済産業省所管事業分野における障害を理由とする差別の解消の推進に関する対応指針 福祉事業者向けガイドライン（福祉分野における事業者が講ずべき障害を理由とする差別を解消するための措置に関する対応指針）	経済産業省における障害を理由とする差別の解消の推進に関する対応要領 厚生労働省における障害を理由とする差別の解消の推進に関する対応要領 独立行政法人国際協力機構における障害を理由とする差別の解消の推進に関する対応要領 東京大学における障害を理由とする差別の解消の推進に関する対応要領	東京都における職員対応要領は「東京都職員服務規程」，「東京都における障害を理由とする差別の解消の推進に関する要綱」および「東京都障害者差別解消法ハンドブック」で構成 障害を理由とする差別の解消の推進に関する京都市対応要領

※作成にあたっては，障害者その他の関係者の意見を反映させるために必要な措置を講ずる（地方公共団体等職員対応要領については，必要な措置を講ずるよう努める）こととされています。

8　法11条１項
9　法９条１項
10　法10条１項

3　成立の経緯

障害者差別解消法は，2013年（平成25年）6月26日に公布され，2016年（平成28年）4月1日に施行されました[11]。この法律の成立には，国際条約が深く関係しています。

いわゆる「障害者権利条約」（正式名称：障害者の権利に関する条約（Convention on the rights of persons with disabilities））は，世界的な障害者の人権を守るという意識の高まりを背景に，2006年（平成18年）12月に第61回国連総会本会議において採択され（発効は2008年（平成20年）5月），日本が2007年（平成19年）9月に署名した条約です[12] [13] [14] [15]。

障害者権利条約の主な内容は，以下のとおりです[16]。

11　法律は，法律の成立後，後議院の議長から内閣を経由して奏上された日から30日以内に公布され（公布とは，成立した法律を一般に周知させる目的で，国民が知ることができる状態に置くことをいいます），施行に至ります（施行とは，法律の効力が一般的，現実的に発動し，作用することをいいます。公布された法律がいつから施行されるかについては通常，その法律の附則で定められます）。

12　2007年（平成19年）9月28日に当時の高村正彦外務大臣が署名しました。

13　国際連合のウェブサイト内で障害者権利条約の原文と日本語訳を確認することができます（https://www.un.org/development/desa/disabilities/convention-on-the-rights-of-persons-with-disabilities.html）。また，外務省のウェブサイト内にも条約の概要や採択の経緯等が記載されています（https://www.mofa.go.jp/mofaj/gaiko/jinken/index_shogaisha.html）。

14　2022年（令和4年）6月現在の署名国・地域数は164，締結国・地域数は185です（https://www.mofa.go.jp/mofaj/fp/hr_ha/page22_002110.html）。

15　条約の検討を行うために設置された特別委員会の議長ドン・マッケイ氏は，多くの関係者の対立等がある中，「the perfect is the enemy of the good」（完璧を求めればよい結果は生まれない）という表現を用いて調整を行い，記録的に短い期間で障害者権利条約を成立させることに成功しました（Ad Hoc Committee on a Comprehensive and Integral International Convention on the Protection and Promotion of the Rights and Dignity of Persons with Disabilities作成による「Letter dated 7 October 2005 from the Chairman to all members of the Committee」等参考）。

16　外務省のウェブサイト「障害者の権利に関する条約（略称：障害者権利条約）」（https://www.mofa.go.jp/mofaj/gaiko/jinken/index_shogaisha.html#:~:text=%E3%81%93%E3%81%AE%E6%9D%A1%E7%B4%84%E3%81%AE%E4%B8%BB%E3%81%AA,%EF%BC%89%EF%BC%8C%EF%BC%883%EF%BC%89%E9%9A%9C%E5%AE%B3%E8%80%85）など。

【図表1－4】障害者権利条約の概要

条約の目的	すべての障害者によるあらゆる人権および基本的自由の完全かつ平等な享有を促進し，保護し，確保することならびに障害者の固有の尊厳を促進すること。
一般原則	(a)　固有の尊厳，個人の自律（自ら選択する自由を含む）および個人の自立の尊重 (b)　無差別 (c)　社会への完全かつ効果的な参加および包容 (d)　差異の尊重ならびに人間の多様性の一部および人類の一員としての障害者の受入れ (e)　機会の均等 (f)　施設およびサービス等の利用の容易さ (g)　男女の平等 (h)　障害のある児童の発達しつつある能力の尊重および障害のある児童がその同一性を保持する権利の尊重
一般的義務	合理的配慮の実施を怠ることを含め，障害に基づくいかなる差別もなしに，すべての障害者のあらゆる人権および基本的自由を完全に実現することを確保し，促進すること等
障害者の権利実現のための措置	身体の自由と安全，拷問の禁止，表現の自由等の自由権的権利および教育，労働等の社会権的権利について締約国がとるべき措置等を規定。社会権的権利の実現については漸進的に達成することを許容。
条約の実施のための仕組み	条約の実施および監視のための国内の枠組みの設置。障害者の権利に関する委員会における各締約国からの報告の検討。

この障害者権利条約は，障害者の人権や基本的自由の享有を確保し，障害者の固有の尊厳の尊重を促進するため，障害者の権利の実現に向けた措置等を規定し，市民的・政治的権利，教育・保健・労働・雇用の権利，社会保障，余暇活動へのアクセスなど，様々な分野における取組みを締結国に対して求めているものです。ところが，署名当時の日本では，これを遵守するだけの国内の法整備が進んでいませんでした。

そこで，同条約の締結に先立って，国内法の整備等をすべきということになり，日本国政府は2009年（平成21年）12月に，内閣総理大臣を中心とした全閣僚をメンバーとする「障がい者制度改革推進本部」を設置し，集中的に国内の法整備を進めることにしました。

その結果，①2011年（平成23年）８月に障害者基本法が改正され，②2012年（平成24年）６月に障害者総合支援法[17]が成立し[18]，③2013年（平成25年）６月に障害者差別解消法が成立することとなりました。また，④同月には，障害者雇用促進法も改正されました（2016年（平成28年）４月１日施行）。

【図表１－５】障害者権利条約の締結のために整備された国内法

障害者基本法の改正	2011年（平成23年）改正：権利条約の趣旨を踏まえ，社会的障壁について「障害がある者にとって日常生活又は社会生活を営む上で障壁となるような社会における事物，制度，慣行，観念その他一切のものをいう」と定義
障害者総合支援法	2013年（平成25年）4月1日：それまでの障害者自立支援法を障害者総合支援法とし，障害者の定義に難病等を追加 2014年（平成26年）4月1日：重度訪問介護の対象者の拡大，ケアホームのグループホームへの一元化などを実施
障害者差別解消法	2013年（平成25年）6月：制定 2016年（平成28年）4月1日：施行
障害者雇用促進法	2013年（平成25年）改正：賃金の決定，教育訓練の実施，福祉厚生施設の利用その他の待遇についての障害を理由とする差別の禁止，採用時および就業時の合理的配慮義務を規定

こうした国内の法整備がなされたことから，2013年（平成25年）10月には，条約締結に向けた国会での議論が始まり，同年11月の衆議院本会議，12月の参議院本会議において，全会一致で障害者権利条約の締結が承認されることになり，2014年（平成26年）１月，日本は障害者権利条約を締結する批准書を国連に寄託し[19]，同年２月に日本について発効しました。

17　正式名称は「障害者の日常生活及び社会生活を総合的に支援するための法律」です。
18　それまでの障害者自立支援法が，2012年（平成24年）に対象を難病患者の一部に拡大した上で障害者総合支援法に改正され，2013年（平成25年）から段階的に施行されました。
19　日本は141番目に障害者権利条約を批准した国・地域です。

【図表１－６】参考：条約が日本で効力を有するまで

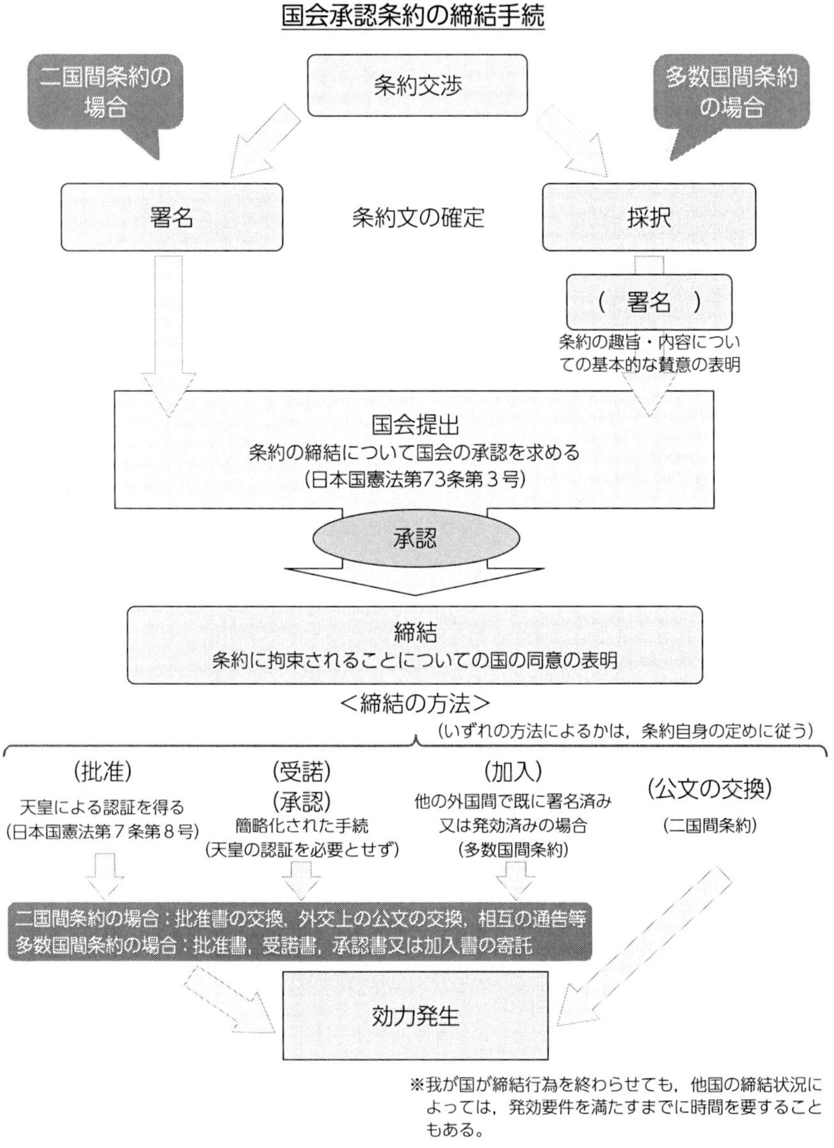

（出所）　外務省「国会承認条約の締結手続」（https://www.mofa.go.jp/mofaj/gaiko/tpp/pdfs/tpp03_03.pdf）に基づいて筆者一部修正

【図表１－７】障害者権利条約と国内の法整備とその後の改正の流れ

日　付	概　要
1981年（昭和56年）	国連が1981年を国際障害者年と宣言
2006年（平成18年）12月13日	第61回国連総会において障害者権利条約が採択
2007年（平成19年）9月28日	日本が障害者権利条約に署名
2008年（平成20年）5月3日	障害者権利条約が発効（この時点で日本では未発効）
2009年（平成21年）12月8日	内閣総理大臣を中心とする「障がい者制度改革推進本部」の設置
2011年（平成23年）8月5日	障害者基本法の改正法の公布・施行（一部を除く）
2011年（平成23年）6月24日	障害者虐待防止法[20]の公布
2012年（平成24年）6月27日	障害者総合支援法の公布
2012年（平成24年）10月1日	障害者虐待防止法の施行
2013年（平成25年）4月1日	障害者総合支援法が段階的に施行
2013年（平成25年）6月19日	障害者雇用促進法[21]の改正法の公布
2013年（平成25年）6月26日	障害者差別解消法の公布 ※施行日は2016年（平成28年）４月１日
2014年（平成26年）1月20日	日本が障害者権利条約を批准
2014年（平成26年）2月19日	障害者権利条約が日本国内について発効
2016年（平成28年）4月1日	障害者差別解消法の施行 障害者雇用促進法の改正の施行（一部を除く）
2019年（令和元年）6月14日	障害者雇用促進法の改正法の公布・施行 ※以後同年９月６日，翌年４月１日と段階的に施行

20　正式名称は「障害者虐待の防止，障害者の養護者に対する支援等に関する法律」です。
21　法定雇用率が５年に一度見直されるため，定期的に改正が行われます。

2021年（令和３年） ６月４日	障害者差別解消法の改正法の公布 ※施行日は2024年（令和６年）４月１日
2024年（令和６年） ４月１日	障害者差別解消法の改正法の施行

コラム

障害者基本法との関係

前述③の障害者差別解消法に先立って，前述①の障害者基本法の改正が行われていますが，障害者差別解消法は，障害者基本法が定める差別の禁止の基本原則を具体化するものです。

障害者基本法は，1970年（昭和45年）に制定された心身障害者対策基本法を1993年（平成５年）に改正してできた法律ですが，2004年（平成16年）の改正で，障害者に対する差別の禁止が基本的理念として明示されました。

そして，2011年（平成23年）には，障害者権利条約の趣旨を踏まえ，社会的障壁について，「障害がある者にとつて日常生活又は社会生活を営む上で障壁となるような社会における事物，制度，慣行，観念その他一切のものをいう」（同法２条２号）と定義されるとともに，基本原則として，「何人も，障害者に対して，障害を理由として，差別することその他の権利利益を侵害する行為をしてはならない」（同法４条１項），「社会的障壁の除去は，それを必要としている障害者が現に存し，かつ，その実施に伴う負担が過重でないときは，それを怠ることによつて前項の規定に違反することとならないよう，その実施について必要かつ合理的な配慮がされなければならない」（同条２項）といったことが規定されました。この障害者基本法４条に定める基本原則を具体的にしたものが，障害者差別解消法なのです。

第2章

障害・障害者とは

1　障害者差別解消法における「障害」・「障害者」とは

それでは，障害者差別解消法における「障害」や「障害者」とは何を意味するのでしょうか。同法では，２条に定義規定が設けられており，まとめると，【図表２－１】のとおりです。これらの定義は，障害者差別解消法の成立に先立って改正された障害者基本法における定義をそのまま取り入れたものです[1]。

【図表２－１】障害者差別解消法における定義

・障害
「障害」とは，身体障害，知的障害，精神障害（発達障害を含む）その他の心身の機能の障害をいう。
・障害者
「障害者」とは，障害がある者であって，障害および社会的障壁により継続的に日常生活または社会生活に相当な制限を受ける状態にあるものをいう。

1　障害者基本法や障害者差別解消法と同じく「障害者」という表現を使用していても，障害者雇用促進法では，障害があるために「長期にわたり，職業生活に相当の制限を受け，又は職業生活を営むことが著しく困難な者をいう。」とされています。それぞれの法律の目的に応じた定義となっています。

まず，障害とは，「身体障害」「知的障害」「精神障害（発達障害を含む。）」「その他の心身の機能の障害」をいいます（法２条１号）。

【図表２－２】障害

障害
- 身体障害
- 知的障害
- 精神障害（発達障害を含む）
- その他の心身の機能の障害

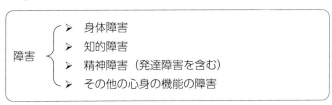

では，「身体障害」「知的障害」「精神障害（発達障害を含む。）」「その他の心身の機能の障害」とは具体的にどのようなことをいうのでしょうか。この点について，漠然と意味は理解できるものの，残念ながら障害者差別解消法には定義が設けられておらず，法律自体から明確な結論を導くことはできません。

一方，他の法律にはこれらの定義が設けられているものもあります。それらの定義がそのまま障害者差別解消法にも当てはまるわけではありませんが，参考にはなるでしょう。

【図表２－３】「障害」について定義をしているその他の法律

身体障害者・知的障害者・精神障害者を支援する法律としては以下のようなものがあります。
- 身体障害　：　身体障害者福祉法
- 知的障害　：　知的障害者福祉法
- 精神障害　：　精神保健福祉法

(1) 身体障害とは

たとえば，障害者差別解消法と同じ福祉関連の法律で，身体障害者の福祉のための法律である「身体障害者福祉法」では，「『身体障害者』とは，別表に掲げる身体上の障害がある18歳以上の者であつて，都道府県知事から身体障害者手帳の交付を受けたものをいう」という定義が設けられており（同法4条），その別表には，①視覚障害，②聴覚・平衡機能障害，③音声・言語・そしゃく機能障害，④肢体不自由，⑤心臓・腎臓・呼吸器などの内部障害が列挙されています[2]。

別表は後掲のとおりですが，その概要は以下のとおりです。

①　視覚障害

両目の視力が0.1以下の人や，両目の視野が10度以内の人などがこれに該当します。

②　聴覚・平衡機能障害

両耳の聴力が70デシベル以上の人や，平衡機能に著しい障害がある人などがこれに該当します。

③　音声・言語・そしゃく機能障害

音声・言語・そしゃく機能がない人や，著しく障害のある状態が永続する人がこれに該当します。

④　肢体不自由

一上肢，一下肢または体幹の機能の著しい障害が永続する人や，両下肢のすべての指を欠く人などがこれに該当します。

⑤　心臓・腎臓・呼吸器などの内部障害

2　さらに，身体障害者福祉法施行規則においては，それぞれの障害の程度を表す障害等級が定められており，重いほうから1～7級とされています。障害等級については，数値や障害の部位・程度によって細かく決められており，その認定基準もたびたび更新されるため，身体障害者福祉法に関係する事案を取り扱う場合には最新情報を確認することが大切です。最新の基準は厚生労働省のウェブサイトで公開されています。

心臓，腎臓，呼吸器，膀胱，直腸，小腸，ヒト免疫不全ウイルスによる免疫，肝臓の機能の障害が永続し，かつ，日常生活に著しい制限が生じる程度以上である人がこれに該当します。

もちろんこれらの障害が身体障害のすべてではありませんが，少なくともこれらに該当するものは，障害者差別解消法上の「身体障害」に該当すると考えてよいでしょう。

なお，身体障害者福祉法上は，身体障害者の定義に「都道府県知事から身体障害者手帳の交付を受けたもの」という限定が設けられており，身体障害者手帳を持っていなければ身体障害者には該当しないことになりますが，障害者差別解消法では，身体障害者手帳の有無は関係がないことには留意が必要です。

【図表２－４】参考：身体障害者福祉法４条に定める別表

一．次に掲げる視覚障害で，永続するもの
　1．両眼の視力（万国式試視力表によって測ったものをいい，屈折異常がある者については，矯正視力について測ったものをいう。以下同じ。）がそれぞれ0.1以下のもの
　2．一眼の視力が0.02以下，他眼の視力が0.6以下のもの
　3．両眼の視野がそれぞれ10度以内のもの
　4．両眼による視野の２分の１以上が欠けているもの
二．次に掲げる聴覚又は平衡機能の障害で，永続するもの
　1．両耳の聴力レベルがそれぞれ70デシベル以上のもの
　2．一耳の聴力レベルが90デシベル以上，他耳の聴力レベルが50デシベル以上のもの
　3．両耳による普通話声の最良の語音明瞭度が50パーセント以下のもの
　4．平衡機能の著しい障害
三．次に掲げる音声機能，言語機能又はそしゃく機能の障害
　1．音声機能，言語機能又はそしゃく機能の喪失
　2．音声機能，言語機能又はそしゃく機能の著しい障害で，永続するもの
四．次に掲げる肢体不自由

1．一上肢，一下肢又は体幹の機能の著しい障害で，永続するもの 2．一上肢のおや指を指骨間関節以上で欠くもの又はひとさし指を含めて一上肢の二指以上をそれぞれ第一指骨間関節以上で欠くもの 3．一下肢をリスフラン関節以上で欠くもの 4．両下肢のすべての指を欠くもの 5．一上肢のおや指の機能の著しい障害又はひとさし指を含めて一上肢の三指以上の機能の著しい障害で，永続するもの 6．1から5までに掲げるもののほか，その程度が1から5までに掲げる障害の程度以上であると認められる障害 五．心臓，じん臓又は呼吸器の機能の障害その他政令で定める障害で，永続し，かつ，日常生活が著しい制限を受ける程度であると認められるもの

※筆者において表記を一部修正。

(2)　知的障害とは

「知的障害」については，知的障害者の福祉のための法律である「知的障害者福祉法」がありますが，身体障害者福祉法と異なり，この知的障害者福祉法に，その定義が設けられていません[3]。これは，そもそも「知的障害」について法律で規定することが難しいと考えられていることが理由とされています。

そして，知的障害者福祉法には，知的障害の程度や障害者手帳についても規定がないため，昭和48年9月27日厚生省発児156号厚生事務次官通知「療育手帳制度について（療育手帳制度要綱）」および同日付け児発725号児童家庭局長通知「療育手帳制度の実施について」により，都道府県または政令指定都市が障害の程度を判定し，障害者手帳に相当する療育手帳[4]を交付することになっています。多くの都道府県や政令指定都市では，知的障害の定義や基準をアメ

3　知的障害者福祉法には，知的障害の程度や障害者手帳についても規定がないため，1973年（昭和48年）の厚生省児童家庭局長通知により，都道府県または政令指定都市が障害の程度を判定し，障害者手帳に相当する療育手帳を交付することになっています。

4　名称は各自治体によって異なり，たとえば東京都では「愛の手帳」という名称が用いられています。

リカ精神医学会が発行している精神障害の判断基準・診断分類である「精神疾患の診断・統計マニュアル（Diagnostic and Statistical Manual of Mental Disorders）」（略称：DSM）[5]や，世界保健機関（WHO）が作成している「疾病及び関連保健問題の国際統計分類（International Statistical Classification of Diseases and Related Health Problems）」（略称：国際疾病分類，ICD）[6]に準拠した上で，社会適応機能の状況を加味して判断しています[7]。

また，厚生労働省が公表している「知的障害児（者）基礎調査」では，知的障害を「知的機能の障害が発達期（おおむね18歳まで）にあらわれ，日常生活に支障が生じているため，何らかの特別の援助を必要とする状態にあるもの」と定義し，知的障害であるか否かの判断基準を**【図表２－５】**のようにしています[8]。

その調査では，知的障害の程度の判断に，**【図表２－６】**に記載の判定方法を用いています。

程度別判定においては，日常生活能力の程度が考慮されます。日常生活能力の程度を示すａ～ｄは，自立した生活を営むことの困難度が高い順にａ，ｂ，ｃ，ｄとなっています。また，注記にあるとおり，程度別判定においては，日常生活能力の程度が優先されることになります。

したがって，たとえば知的水準がⅠ（IQ　～20）に該当する場合であっても，日常生活能力水準がｄであれば，障害の程度は「最重度知的障害」ではなく「重度知的障害」となります。

5　DSMは1952年（昭和27年）に第１版が発行され，その後改訂を重ねて2013年（平成25年）にDSM-5が発行されました。DSM-5では，DSM-4で用いられていた「知的障害」という名称が「知的能力障害」と変更され，「知的能力障害とは，概念的，社会的及び実用的な領域における知的機能と適応機能の両方の欠陥を含む障害」とされており，今後これに沿った定義に変更される可能性があると言われています。

6　最新版は2019年（令和元年）に世界保健総会（World Health Assembly）で承認されたICD-11です。

7　DSMが精神疾患のみの分類基準であるのに対し，ICDは疾病全般の分類基準である点が特徴とされています。

8　厚生労働省作成による「知的障害児（者）基礎調査：調査の結果」（https://www.mhlw.go.jp/toukei/list/101-1c.html）。

【図表2－5】知的障害であるか否かの判断基準

次の(a)及び(b)のいずれにも該当するものを知的障害とする。

(a) **「知的機能の障害」について**
標準化された知能検査（ウェクスラーによるもの，ビネーによるものなど）によって測定された結果，知能指数がおおむね70までのもの。

(b) **「日常生活能力」について**
日常生活能力（自立機能，運動機能，意思交換，探索操作，移動，生活文化，職業等）の到達水準が総合的に同年齢の日常生活能力水準（別記１）のａ，ｂ，ｃ，ｄのいずれかに該当するもの。

（出所）　厚生労働省「知的障害児（者）基礎調査：調査の結果」（https://www.mhlw.go.jp/toukei/list/101-1c.html）より抜粋

【図表2－6】程度別判定の導き方

知能水準がⅠ～Ⅳのいずれに該当するかを判断するとともに，日常生活能力水準がａ～ｄのいずれに該当するかを判断して，程度別判定を行うものとする。その仕組みは下図のとおりである。

〈程度別判定の導き方〉

IQ ＼ 生活能力	a	b	c	d
Ⅰ（IQ　　～20）	最重度知的障害			
Ⅱ（IQ　21～35）	重度知的障害			
Ⅲ（IQ　36～50）	中度知的障害			
Ⅳ（IQ　51～70）	軽度知的障害			

＊知能水準の区分
Ⅰ：おおむね20以下
Ⅱ：おおむね21～35
Ⅲ：おおむね36～50
Ⅳ：おおむね51～70

＊身体障害者福祉法に基づく障害等級が１級，２級又は３級に該当する場合は，一次判定を次のとおりに修正する。

最重度→最重度
重度　→最重度
中度　→重度

（※程度判定においては日常生活能力の程度が優先される。
例えば知能水準が「Ⅰ（IQ：～20)」であっても，日常生活能力水準が
「d」の場合の障害の程度は「重度」となる。）

（出所）厚生労働省「知的障害児（者）基礎調査：調査の結果」(https://www.mhlw.go.jp/toukei/list/101-1c.html) より抜粋

前述のとおり知的障害については，概ね18歳頃までの心身の発達期に現れた知的機能の障害により，生活上の適用に困難が生じることが主な特性です。考える，理解する，読む，書く，計算する，話す等の知的な機能に発達の遅れが生じるため，会話，金銭管理，買い物，家事などの社会生活への適応に，状態に応じた援助が必要となります。

⑶　精神障害（発達障害を含む）とは

①　総　論

「精神障害」については，精神障害者の福祉に関する法律である「精神保健及び精神障害者福祉に関する法律」（以下「精神保健福祉法」といいます）において，精神障害者を「統合失調症，精神作用物質による急性中毒又はその依存症，知的障害その他の精神疾患を有する者」と定義しています。ここでは，統合失調症をはじめとする精神疾患は医学的概念を前提としています。精神保健福祉法以外の法律には精神障害や精神障害者に関する定義が設けられていないため，精神保健福祉法における定義が参考になります[9]。

【図表２－７】精神保健福祉法における精神障害者の定義

精神障害者
- ➢ 統合失調症
- ➢ 精神作用物質による急性中毒またはその依存症
- ➢ 知的障害
- ➢ その他の精神疾患を有する者

まず，「統合失調症」については，精神保健福祉法ではそれ以上の定義は設けられていないのですが，公益社団法人日本精神神経学会のウェブサイトによれば，「統合失調症とは，思考や行動，感情を一つの目的に沿ってまとめていく能力，すなわち統合する能力が長期間にわたって低下し，その経過中にある種の幻覚，妄想，ひどくまとまりのない行動が見られる病態」であるとされています。

発症の原因はよくわかっていないものの，100人に１人弱がかかる比較的一般的な病気とされています。薬物療法が主な治療となります[10]。

「精神作用物質による急性中毒又はその依存症」とは，覚せい剤などの薬物やアルコールなどの精神作用物質による急性中毒や依存症をいいます。

「その他の精神疾患を有する者」とは，うつ病，躁うつ病などの気分障害・感情障害，てんかん，高次脳機能障害，発達障害，ストレス関連障害などを有する者をいいます。

なお，精神障害者は，その居住地の都道府県知事に精神障害者保健福祉手帳

9　知的障害者以外の精神障害者は，精神障害者保健福祉手帳の交付対象となります。精神障害者保健福祉手帳の表紙は「障害者手帳」「障がい者手帳」とだけ記載されており，精神障害であることをうかがわせる記載はありません。これは，精神障害者に対する偏見がいまだに残っていることへの配慮とされています。一方，知的障害者は，精神保健福祉法における「精神障害者」の定義に含まれているものの，精神障害者保険福祉手帳の交付対象とはなっていません。知的障害者には療育手帳（地方自治体によっては名称が異なる場合があり，たとえば東京都では「愛の手帳」という名称となっています）が交付されます。

10　厚生労働省作成による2015年（平成27年）11月27日付け「厚生労働省における障害を理由とする差別の解消の推進に関する対応要領」

の交付を請求することができ，申請者が政令で定める精神障害の状態にあると認められたときは，精神障害者保健福祉手帳の交付を受けることができますが，この手帳の有無は障害者差別解消法における精神障害者への該当性には関係がないことに留意が必要です[11]。

②　高次脳機能障害

「その他の精神疾患を有する者」の中には，高次脳機能障害を有する者も含まれます。

「高次脳機能障害」とは，学術用語としては脳損傷に起因する認知障害全般を指し，この中には巣症状[12]としての失語・失行・失認などが含まれています。一方，2001年度（平成13年度）に開始された高次脳機能障害支援モデル事業において，記憶障害，注意障害，遂行機能障害，社会的行動障害などの認知障害を主たる要因として，日常生活や社会生活への適応に困難を有する一群が存在し，これらについては診断，リハビリテーション，生活支援等の手法が確立しておらず早急な検討が必要なことが明らかとなったため，これらの者への支援対策を推進する観点から，行政的に，この一群が示す認知障害を「高次脳機能障害」と呼び，この障害を有する者を「高次脳機能障害者」と呼ぶこととされています[13]。

高次脳機能障害は，交通事故や脳血管障害などの病気により，脳にダメージを受けることで生じる認知や行動に関する障害ですが，見た目には障害が残っていることがわからないことも多く，「見えない障害」ともいわれています。記憶障害，注意障害，遂行機能障害（計画を立てて物事を遂行することが難しい），社会的行動障害（些細なことでイライラする，興奮しやすい，こだわりが強いなど），病識欠如（前述の症状に気づかずに行動してトラブルが生じる）などが主な症状とされています。

11　精神保健福祉法45条

12　巣症状とは，脳の特定の部位の機能が障害されることにより生じる症状のことをいいます。

13　http://www.rehab.go.jp/brain_fukyu/shien/model/

③　発達障害

障害者差別解消法では，精神障害に「発達障害を含む」ことが明確にされています（法２条）。

発達障害については，発達障害者支援法が「自閉症，アスペルガー症候群その他の広汎性発達障害，学習障害，注意欠陥多動性障害その他これに類する脳機能の障害であってその症状が通常低年齢において発現するものとして政令で定めるもの」と定義しています（同法２条１項）[14]。

発達障害はその特性により，大きく，①自閉症スペクトラム障害（ASD：自閉症，アスペルガー症候群など），②注意欠陥多動性障害（ADHD[15]），③学習障害（LD[16]）の３つのタイプに分けられます。

現在，このような特性をもった発達障害の児童は増えているといわれています。また，大人になってから発達障害であることが判明することも増えています。これは，発達障害という概念が一般に広まったおかげで，これまでは「少し変わった子だな」「こだわりが強い子だな」で済んでいた（言葉を換えれば見逃されていたような）児童や，何か生きづらさを感じていた大人が，医師の診断等を受けるようになったことで，統計上の数が増えているという背景もあります。また，現代社会における何らかの環境要因とそもそもの生物学的要因とが合わさって，発達障害の度合いの強い子供が増えているという見解もあります。

いずれにしても，現場の医師や教職員からは，感覚として確実に増えているという話を聞きますし，児童に関しては，2022年（令和４年）12月13日公表の文部科学省の調査結果で，通常学級の小学生の10.4％に発達障害の可能性があるとされており，今後も，社会において発達障害の方と接する機会は増えていくものと思われます。

14　発達障害者支援法とは，2004年（平成16年）に制定，翌年４月に施行された法律で，障害特性やライフステージに応じた支援を国・自治体・国民の責務として定めたものです。

15　ADHD：Attention-Deficit/Hyperactivity Disorder

16　LD：Learning DisordersまたはLearning Disabilities

【図表２－８】発達障害の特性

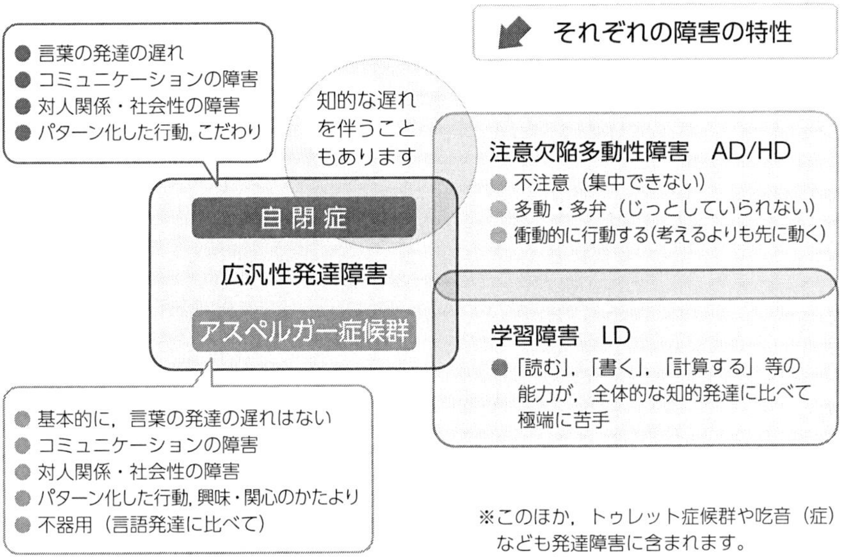

（出所）　政府広報オンライン作成資料「発達障害って，なんだろう？」（https://www.gov-online.go.jp/featured/201104/）より抜粋

【図表２－９】学習面・行動面で著しい困難を示す児童生徒の割合

学習面または行動面で著しい困難を示す児童生徒の割合[17]	
小学校	10.4%
中学校	5.6%
高校	2.2%

17　文部科学省作成による2022年（令和４年）12月13日付け「通常の学級に在籍する特別な教育的支援を必要とする児童生徒に関する調査結果（令和４年）について」

【図表２－10】参考：身体障害者・知的障害者・精神障害者の福祉に関する法律の概要

	概　　要
身体障害者福祉法	障害者総合支援法とともに，身体障害者の自立と社会経済活動への参加を促進するため，身体障害者を援助し，および必要に応じて保護し，もって身体障害者の福祉の増進を図ることを目的とした法律
知的障害者福祉法	障害者総合支援法とともに，知的障害者の自立と社会経済活動への参加を促進するため，知的障害者を援助するとともに必要な保護を行い，もって知的障害者の福祉を図ることを目的とした法律
精神保健福祉法	精神障害者の医療および保護を行い，障害者総合支援法とともに，精神障害者の社会復帰の促進およびその自立と社会経済活動への参加の促進のために必要な援助を行い，ならびに，精神疾患の発生の予防その他国民の精神的健康の保持および増進に努めることによって，精神障害者の福祉の増進および国民の精神保健の向上を図ることを目的とした法律

コラム

障害者とわからないときは，どうする？

障害者差別解消法が求める合理的配慮の提供や差別的取扱いの禁止の対象は「障害者」となっています。車椅子に乗っていたり，視覚障害の白杖を持っていたりすれば，その人が障害者であることがわかりやすいですが，内部障害（内臓や免疫機能の障害などをいいます）など外部からはわかりづらい場合もあります。

一見すると障害者ではない人から，合理的配慮の提供を求められたときは，どのような対応をすべきでしょうか。

仮に本人が自ら障害者であることを明確に伝えてくれる場合は特に問題は生じませんが，本人が積極的に開示をしない場合に，「障害がありますか」「どのような障害ですか」と詳細に聞くことは難しいでしょうし，プライバシーの問題も生じ得ます。

まずはその人の様子をしっかりと見て，それでもわからなければ，その人との会話の内容や本人の動作等から障害者であることを把握することが大切です。

また，内部障害の方は赤地に白抜きでハートの上にプラスの記号があるヘルプマークのタグをつけていることがあります[18]。最近では数多くのマークが存在しますので，受付や店員など合理的配慮を求められる可能性が高い立場の方は，普段から障害者がつける可能性のあるマークとその意味を把握しておくことが大切と思います。

18　ヘルプマークとは，配慮や援助を必要としていることが外見からはわからない障害者等が，周囲に障害や心身の状態への配慮を求め，援助を受けやすくするために東京都が作成した全国的に普及しているマークのことです。交通機関などで無償で配布されています。

2　障害者と障害児

障害者差別解消法は「障害者」という表現を使用しており，障害児[19]と表現を書き分けていませんが，障害者基本法と同様に，「障害者」には障害児も含まれます[20]。

すでに「身体障害」「知的障害」「精神障害」のところで障害者差別解消法以外の法律における定義について言及しましたが，障害者関連の法律では，障害者差別解消法における定義とは別に，障害者や障害児を定義しているものがあります。

【図表2－11】は，他の法律における定義を抜粋したものです。また，これらに加えて，たとえば，学校教育対象の児童については，「学校教育法」と「学校教育法施行令」において「特別支援学校の対象児童生徒」として，福祉関係の法律よりも広い層の子供が対象となっていますので，障害者関連の法律を見るときには，それぞれどのような意味を持っているのかを確認する必要があります。

【図表2－11】参考：各法律等における障害者・障害児の定義[21]

	障害者・障害児の定義
障害者基本法[22]	第2条　この法律において「障害者」とは，身体障害，知的障害又は精神障害（以下「障害」と総称する。）があるため，継続的に日常生活又は社会生活に相当な制限を受ける者をいう。
障害者自立支援法[23]	第4条

19　児童福祉法において，「障害児」とは，身体に障害のある児童または知的障害のある児童をいうとされています（同法4条2号）。

20　内閣府障害者施策担当作成による2013年（平成25年）6月付け「障害を理由とする差別の解消の推進に関する法律Q&A集」問9－11

21　https://www.mhlw.go.jp/shingi/2008/10/dl/s1031-10e_0001.pdf

22　昭和45年法律84号

23　平成17年法律123号

	第１項　この法律において「障害者」とは，身体障害者福祉法第４条に規定する身体障害者，知的障害者福祉法にいう知的障害者のうち18歳以上である者及び精神保健及び精神障害者福祉に関する法律第５条に規定する精神障害者（知的障害者福祉法にいう知的障害者を除く。以下「精神障害者」という。）のうち18歳以上である者をいう。 第２項　この法律において「障害児」とは，児童福祉法第４条第２項に規定する障害児及び精神障害者のうち18歳未満である者をいう。
身体障害者福祉法[24]	第４条　この法律において，「身体障害者」とは，別表（※）に掲げる身体上の障害がある18歳以上の者であって，都道府県知事から身体障害者手帳の交付を受けたものをいう。 ※別表に定められている障害の種類 ①視覚障害，②聴覚又は平衡機能の障害，③音声機能，言語機能又はそしゃく機能の障害，④肢体不自由，⑤内部障害
精神保健及び精神障害者福祉に関する法律[25]	第５条　この法律で「精神障害者」とは，統合失調症，精神作用物質による急性中毒又はその依存症，知的障害，精神病質その他の精神疾患を有する者をいう。
発達障害者支援法[26]	第２条 第１項　この法律において「発達障害」とは，自閉症，アスペルガー症候群その他の広汎性発達障害，学習障害，注意欠陥多動性障害その他これに類する脳機能の障害であってその症状が通常低年齢において発現するものとして政令で定めるものをいう。 第２項　この法律において「発達障害者」とは，発達障害を有するために日常生活又は社会生活に制限を受ける者をいい，「発達障害児」とは，発達障害者のうち18歳未満のものをいう。
知的障害者福祉法[27]	※「知的障害者」の定義規定はない。 第１条　この法律は，障害者自立支援法（平成17年法律第123号）と相まって，知的障害者の自立と社会経済活動への参加を促進するため，知的障害者を援助するとともに必要な保護を行い，もって知的障害者の福祉を図ることを目的とする。

24　昭和24年法律283号
25　昭和25年法律123号
26　平成16年法律167号
27　昭和35年法律37号

児童福祉法[28]	第4条 第2項　この法律で，障害児とは，身体に障害のある児童又は知的障害のある児童をいう。
障害者の権利に関する条約（仮訳文）	第1条　……障害者には，長期的な身体的，精神的，知的又は感覚的な障害を有する者であって，様々な障壁との相互作用により他の者と平等に社会に完全かつ効果的に参加することを妨げられることのあるものを含む。

※筆者において表記を一部修正。

28　昭和22年法律164号

コラム

過去に障害があっても治癒していたら「障害者」には当たらない？

障害者差別解消法における「障害者」の定義は，「障害がある者であって障害及び社会的障壁により継続的に日常生活又は社会生活に相当な制限を受ける状態にあるものをいう。」となっています。

そこで，たとえば過去に精神的な障害を抱えていたものの，現時点では治癒している人は，「障害者」に当たるかという問題があります。

「障害がある者であって」という文理上，現に障害をもっていない者は障害者には含まれないという解釈が自然ではあります。しかしながら，過去に精神障害だったということがネガティブに受け取られ，それを理由に差別を受けるというケースは，残念ながら今の世の中ではよくあることでしょう。

障害者差別解消法の目的である「障害を理由とする差別の解消を推進し，もって全ての国民が，障害の有無によって分け隔てられることなく，相互に人格と個性を尊重し合いながら共生する社会の実現に資すること」からすれば，このような差別も許されるべきではありません。

法律の解釈上難しいところではありますが，民間の事業者や行政機関等においては，現在治癒していたとしても過去に障害のあった人については，「障害がある者」に準じた対応をすることが望ましいと考えます。

3　社会的障壁

「障害者」の定義には，「障害及び『社会的障壁』により継続的に日常生活又は社会生活に相当な制限を受ける状態にある」ことという要件が含まれています。これは，障害者が日常生活や社会生活において受ける制限は，心身の機能の障害のみに起因するのではなく，社会における様々な障壁（事物，制度，慣行，観念その他一切のもの）と相対することによって生ずるものであるという，いわゆる「社会モデル」の考え方を踏まえたものとなっています。

「社会モデル」と対になる考え方は「医学モデル（または個人モデル）」です。医学モデルは，障害を病気や傷害その他の健康状態から直接引き起こされた人の特性とみる考え方です。したがって，障害の解消には専門家による個別の治療（＝医療）が必要という考えにつながります。一方で，社会モデルは，障害は社会によってもたらされた不適切な環境によって引き起こされたものと考えます。したがって，障害の解消は社会の責務であるという考えにつながります[29]。

【図表２－12】障害に関する主要な２つの概念モデル
：医学モデル（または個人モデル）と社会モデル

	内　容
医学モデル（または個人モデル）	障害を，病気や傷害その他の健康状態から直接引き起こされた人の特性とみる考え方
社会モデル	障害を，社会によってもたらされた不適切な環境によって引き起こされたものとみる考え方

では，「社会的障壁」とはどのようなものをいうのでしょうか。この点について，障害者差別解消法は「障害者」の定義と同じ２条で，以下のとおり規定しています。

29　障害者権利条約では障害の定義は設けられていませんが，社会モデルの考え方が反映されています。

> 「社会的障壁」とは，障害がある者にとって日常生活または社会生活を営む上で障壁となるような社会における事物，制度，慣行，観念その他一切のものをいう。

「事物，制度，慣行，観念」というとわかりづらいかもしれませんが，**【図表2－13】**に記載した具体例をみていただければ，イメージがつかめると思います。

【図表2－13】障壁の種類・内容・具体例

	内　容	具体例
事物の障壁	通行・利用しにくい施設や設備など	・スロープのない出入口 ・段差の多い施設
制度の障壁	利用しにくい制度など	電話による先着順の受付
慣行の障壁	障害者の存在を意識していない慣習や文化など	注意を喚起する文字・看板などに（弱視の人には識別しにくい）赤色を使う
観念の障壁	障害者への偏見や無関心など	障害者はこうあるべきだという思い込み，押し付け

コラム

補助犬も一緒にお店に入れる？

身体障害者の補助をするための「身体障害者補助犬」については，良質な補助犬を育成して，身体の不自由な人の自立と社会参加を助けるための法律である「身体障害者補助犬法」[30]が規定しています。この法律では，身体障害者補助犬として，①盲導犬（視覚障害のある人が街なかを歩けるようにサポートする犬），②介助犬（肢体不自由のある人の日常生活動作をサポートする犬），③聴導犬（聴覚障害のある人に生活の中の必要な音を知らせて，音源まで誘導する犬）の３種類が挙げられていて，これらの補助犬は同法に基づいて訓練・認定されています。

公共の施設や交通機関（電車，バス，タクシーなど）はもちろん，不特定かつ多数の者が利用する施設（デパート，スーパー，ホテル，レストラン，病院など）は，障害者が身体障害者補助犬を同伴することを拒んではならず（同法７条～９条），身体障害者補助犬を同伴することのみをもってサービスの提供を拒むことは障害者差別になるとされています。

盲導犬は白または黄色のハーネス（胴輪）が目印であり，介助犬・聴導犬は胴着などに表示をつけています。また，障害者本人は認定証（盲導犬の場合は使用者証）の携帯が義務づけられているほか，補助犬の公衆衛生上の安全性を証明する「身体障害者補助犬健康管理手帳」などの健康管理記録を携帯することになっており，これらの表示等をすることなく，犬同伴の障害者が「補助犬」と称して施設などの利用を主張した場合には，事業者側に受け入れの義務はありません。

身体障害者補助犬かどうかの確認が必要な場合，事業者は身体障害者に

30　2002年（平成14年）10月１日施行

認定証の提示を求めることができます。厚生労働省による補助犬同伴を受け入れるための事業者へのアドバイスにおいても，「補助犬を受け入れる際に「認定証を確認させていただけますか？」と声をかけることは，補助犬使用者に対して失礼にはあたりません。」とされています[31]。

31　https://www.mhlw.go.jp/stf/seisakunitsuite/bunya/hukushi_kaigo/shougaishahukushi/hojoken/ukeire.html

第３章

行政機関等・民間の事業者

障害者差別解消法は，行政機関と民間企業とを分けて考えており，「行政機関等」と「事業者」という表現が用いられています。

1　行政機関等

「行政機関等」とは，①国の行政機関，②独立行政法人等，③地方公共団体（除外あり），および④地方独立行政法人をいい（法２条３号），それらについて同条４号～６号に定義が設けられています。

（定義）
第２条第３号　行政機関等
国の行政機関，独立行政法人等，地方公共団体（地方公営企業法（昭和27年法律第292号）第３章の規定の適用を受ける地方公共団体の経営する企業を除く。第７号，第10条及び附則第４条第１項において同じ。）及び地方独立行政法人をいう。

【図表3－1】行政機関等

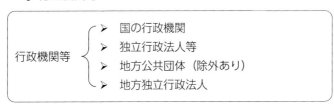

行政機関等
- 国の行政機関
- 独立行政法人等
- 地方公共団体（除外あり）
- 地方独立行政法人

(1) 国の行政機関

（定義）

第2条第4号　国の行政機関

次に掲げる機関をいう。

イ　法律の規定に基づき内閣に置かれる機関（内閣府を除く。）及び内閣の所轄の下に置かれる機関

ロ　内閣府，宮内庁並びに内閣府設置法（平成11年法律第89号）第49条第1項及び第2項に規定する機関（これらの機関のうちニの政令で定める機関が置かれる機関にあっては，当該政令で定める機関を除く。）

ハ　国家行政組織法（昭和23年法律第120号）第3条第2項に規定する機関（ホの政令で定める機関が置かれる機関にあっては，当該政令で定める機関を除く。）

ニ　内閣府設置法第39条及び第55条並びに宮内庁法（昭和22年法律第70号）第16条第2項の機関並びに内閣府設置法第40条及び第56条（宮内庁法第18条第1項において準用する場合を含む。）の特別の機関で，政令で定めるもの

ホ　国家行政組織法第8条の2の施設等機関及び同法第8条の3の特別の機関で，政令で定めるもの

ヘ　会計検査院

⑵　独立行政法人等

第２条第５号　独立行政法人等
次に掲げる法人をいう。
イ　独立行政法人（独立行政法人通則法（平成11年法律第103号）第２条第１項に規定する独立行政法人をいう。ロにおいて同じ。）
ロ　法律により直接に設立された法人，特別の法律により特別の設立行為をもって設立された法人（独立行政法人を除く。）又は特別の法律により設立され，かつ，その設立に関し行政庁の認可を要する法人のうち，政令で定めるもの

行政機関等に「独立行政法人等」が含まれているのは，国の行政機関や地方公共団体が率先して差別の解消に取り組むことが要請されており，（特に改正法（2024年施行）の施行前は合理的配慮の提供について法的義務が課されるなど）民間の事業者とは異なる扱いをされていることから，独立行政法人等のような政府の一部を構成するとみられる法人などの公的主体についても，国の行政機関等と同様の整理がよいと考えられたからです[1]。たとえば，国際協力機構（JICA）や日本貿易振興機構（JETRO）などの独立行政法人や，国立大学法人法に基づく国立大学法人は，独立行政法人等に該当します[2]。

⑶　地方公共団体

行政機関等の「地方公共団体」から「地方公営企業法第３章の規定の適用を受ける地方公共団体の経営する企業」が除かれているのは，同法によって常に

1　内閣府障害者施策担当作成による2013年（平成25年）６月付け「障害を理由とする差別の解消の推進に関する法律Q&A集」問９－７
2　国公立大学等は行政機関等における「独立行政法人等」に該当します（法２条３号）。一方，私立大学等は「事業者」に該当します（法２条７号）。

企業の経済性を発揮することが求められていることや，原則として業に要する費用を事業収入で賄うことが前提とされており，障害者差別解消法においては，地方公共団体ではなくむしろ事業者と同列に扱うことが妥当と考えられたためです[3]。

⑷　地方独立行政法人

第２条第６号　地方独立行政法人
地方独立行政法人法（平成15年法律第118号）第２条第１項に規定する地方独立行政法人（同法第21条第３号に掲げる業務を行うものを除く。）をいう。

地方独立行政法人には，福祉施設や公立大学を設置・運営するものがあります（たとえば，病院を設置・運営する東京都健康長寿医療センターや，東京都立大学を設置・運営する東京都公立大学法人など)。

「地方独立行政法人」から，地方独立行政法人法21条３号に掲げる業務を行うもの（公営企業型地方独立行政法人）が除かれているのは，同法によって常に企業の経済性を発揮することが求められていることや，原則として業に要する経費を事業収入で賄うことが前提とされており，障害者差別解消法においては，行政機関ではなくむしろ事業者と同列に扱うことが妥当と考えられたためです[4]。「地方公共団体」から地方公共団体の経営する企業が除外されたのと同様の理由です。

3　前掲注１）問９－11
4　前掲注１）問９－10

2　事業者

（定義）
第2条第7号　事業者
商業その他の事業を行う者（国，独立行政法人等，地方公共団体及び地方独立行政法人を除く。）をいう。

事業者には，営利目的か非営利目的か（利益を分配することを目的としているか），個人か法人かを問わず，同種の行為を反復継続する意思をもって行うものが広く含まれることになります。

たとえば，個人事業者や対価を得ない無報酬の事業を行う者，非営利事業を行う社会福祉法人や特定営利活動法人もこれに該当します。

特に業種の制限はないため，一般の事業会社，金融機関を問わず，これに該当します。特に小売業などのB to Cビジネスの会社であれば，本法に定める「不当な差別的取扱いの禁止」「合理的配慮の提供」「環境の整備」を行う場面をイメージしやすいですが，B to Bビジネスの会社も当然「事業者」に含まれます。

サービス等の提供形態は問われず，対面かオンラインかなども関係ありません。ICT（情報通信技術）の発達により企業のサービス形態は今後さらに多種多様になると考えられますが，それによって「事業者」への該当性に影響が出るわけではありません。

事業規模や従業員数などの要件はありませんので，中小企業や個人事業者であっても事業者に該当し，障害者差別解消法上の義務等の適用を受けます。

また，前述のとおり「行政機関等」に含まれなかった，地方公共団体の経営する企業や公営企業型地方独立行政法人も事業者に含まれますし，「独立行政法人等」に含まれなかった学校法人（私立中学・高校・大学など）や社会福祉法人も事業者に含まれることになります[5]。

5　学校法人や社会福祉法人は，「法律により直接に設立された法人」「特別の法律により特別の設立行為をもって設立された法人」「特別の法律により設立され，かつ，その設立に関し行政庁の認可を要する法人」のいずれにも該当しません（前掲注1）問9－8）。

第４章

不当な差別的取扱いの禁止

1　概　要

障害者差別解消法は，以下のとおり，７条１項で行政機関等による不当な差別的取扱いの禁止を，８条１項で民間の事業者の不当な差別的取扱いの禁止を，それぞれ規定しています。

> （行政機関等における障害を理由とする差別の禁止）
> 第７条第１項
> 行政機関等は，その事務又は事業を行うに当たり，障害を理由として障害者でない者と不当な差別的取扱いをすることにより，障害者の権利利益を侵害してはならない。

※下線は筆者。

> （事業者における障害を理由とする差別の禁止）
> 第８条第１項
> 事業者は，その事業を行うに当たり，障害を理由として障害者でない者と不当な差別的取扱いをすることにより，障害者の権利利益を侵害してはならない。

※下線は筆者。

2　差別的取扱い

本条の「差別」の意味については，特に定義等は設けられていません。また，立法関係者らの解説によれば，「何が差別に当たるかについては，ガイドライン等において不当な差別的取扱いの具体的事例や合理的配慮の好事例を示しつつ，具体的な事例や裁判例を積み上げていく中で，概念の共有が図られるようにしていくことになっている。」「いわゆる，「間接差別」や「関連差別」の扱いについては，具体的な相談事例や裁判例の集積等を踏まえた上で対応することが考えられる。」とされるにとどまっています[1]。

そして，内閣の策定した基本方針では，本条の定める「不当な差別的取扱い」として，正当な理由なく，障害を理由として，財・サービスや各種機会の提供を拒否するまたは提供するにあたり，場所・時間帯などを制限したり，障害者でない者に対しては付けない条件を付けたりすること等により，障害者の権利利益を侵害することを禁止するものとしています。そして，車椅子，補助犬その他の支援機器等の利用や，介助者の付添い等の社会的障壁を解消するための手段の利用等を理由とするものも，これに含まれるとしています[2]。

したがって，障害があることだけを理由に入店を拒んだり，交通機関の利用を拒否したりすることは，不当な差別的取扱いとして禁止されることになります。付添人が同伴しているというだけでサービスの提供をしないことや，本人を無視して介助者だけに話しかけるということも禁止されています。

一方，障害者の事実上の平等を促進し，または達成するために必要な特別の措置は，不当な差別的取扱いではないとされています。

具体的には，①障害者を障害者以外より優遇する取扱い（いわゆる積極的改善措置[3]），②合理的配慮の提供による障害者と障害者以外との異なる取扱い，

1　障害者差別解消法解説編集委員会編著『概説 障害者差別解消法』（法律文化社，2014年）81頁

2　基本方針第２－２(1)

③合理的配慮の提供等に必要な範囲でプライバシーに配慮しつつ障害者に障害の状況等を確認すること等が，これらに該当します[4]。

【図表４－１】参考：他の分野でも用いられている「不当な差別的取扱い」の例

	内容
職業安定法	（手数料） 第32条の３ 第１項　第30条第１項の許可を受けた者（以下「有料職業紹介事業者」という。）は，次に掲げる場合を除き，職業紹介に関し，いかなる名義でも，実費その他の手数料又は報酬を受けてはならない。 １　職業紹介に通常必要となる経費等を勘案して厚生労働省令で定める種類及び額の手数料を徴収する場合 ２　あらかじめ厚生労働大臣に届け出た手数料表（手数料の種類，額その他手数料に関する事項を定めた表をいう。）に基づき手数料を徴収する場合 第２項～第３項　（略） 第４項　厚生労働大臣は，第１項第２号に規定する手数料表に基づく手数料が次の各号のいずれかに該当すると認めるときは，当該有料職業紹介事業者に対し，期限を定めて，その手数料表を変更すべきことを命ずることができる。 １　特定の者に対し不当な差別的取扱いをするものであるとき。 ２　手数料の種類，額その他手数料に関する事項が明確に定められていないことにより，当該手数料が著しく不当であると認められるとき。 （取扱職種の範囲等の届出等） 第32条の12 第１項　有料の職業紹介事業を行おうとする者又は有料職業紹介事業者は，取扱職種の範囲等を定めたときは，これを厚生労働大臣に届け出なければならない。これを変更したときも，同様とする。 第２項　（略） 第３項　厚生労働大臣は，第１項の規定により届け出られた取扱職種の範囲等が，特定の者に対し不当な差別的取扱いをするものであると認めるときは，当該有料の職業紹介事業を行おうとする者又は有料職業紹介事業者に対し，期限を定めて，当該取扱職種の範囲等を変更すべきことを命ずることができる。

3　アファーマティブ・アクションやポジティブ・アクションとも呼ばれるものです。
4　基本方針第２－２(1)

地方自治法	（公の施設） 第244条 第１項～第２項　（略） 第３項　普通地方公共団体は，住民が公の施設を利用することについて，不当な差別的取扱いをしてはならない。
郵便法	（料金） 第67条 第１項　会社は，総務省令で定めるところにより，郵便に関する料金（第３項の規定により認可を受けるべきもの及び第５項の規定により届け出るべきものを除く。）を定め，あらかじめ，総務大臣に届け出なければならない。これを変更しようとするときも，同様とする。 第２項　前項の料金は，次の各号のいずれにも適合するものでなければならない。 １～６　（略） ７　特定の者に対し不当な差別的取扱いをするものでないこと。 第３項　会社は，第三種郵便物及び第四種郵便物の料金を定め，総務大臣の認可を受けなければならない。これを変更しようとするときも，同様とする。 第４項　総務大臣は，前項の認可の申請が次の各号のいずれにも適合していると認めるときでなければ，同項の認可をしてはならない。 １～３　（略） ４　特定の者に対し不当な差別的取扱いをするものでないこと。 第５項～第７項　（略） （郵便約款） 第68条 第１項　会社は，郵便の役務に関する提供条件（料金及び総務省令で定める軽微な事項に係るものを除く。）について郵便約款を定め，総務大臣の認可を受けなければならない。これを変更しようとするときも，同様とする。 第２項　総務大臣は，前項の認可の申請が次の各号のいずれにも適合していると認めるときでなければ，同項の認可をしてはならない。 １　次に掲げる事項が適正かつ明確に定められていること。 イ～ニ　（略） ２　特定の者に対し不当な差別的取扱いをするものでないこと。
民間事業者による信書の送達に関する法律	（料金） 第16条 第１項　一般信書便事業者は，総務省令で定めるところにより，一般信書便役務に関する料金（一般信書便役務に係る信書便物の送達の料金以外の料金のうち総務省令で定める料金を除く。第27条第２号において同じ。）を定め，あらかじめ，総務大臣に届け出なければならな

	い。これを変更しようとするときも，同様とする。 第２項　前項の料金は，次の各号のいずれにも適合するものでなければならない。 １～３　（略） ４　特定の者に対し不当な差別的取扱いをするものでないこと。 （信書便約款） 第17条 第１項　一般信書便事業者は，信書便の役務に関する提供条件（料金及び総務省令で定める事項に係るものを除く。）について信書便約款を定め，総務大臣の認可を受けなければならない。これを変更しようとするときも，同様とする。 第２項　総務大臣は，前項の認可の申請が次の各号のいずれにも適合していると認めるときは，同項の認可をしなければならない。 １　（略） ２　特定の者に対し不当な差別的取扱いをするものでないこと。 （信書便約款） 第33条 第１項　特定信書便事業者は，信書便の役務に関する提供条件（料金及び総務省令で定める事項に係るものを除く。）について信書便約款を定め，総務大臣の認可を受けなければならない。これを変更しようとするときも，同様とする。 第２項　総務大臣は，前項の認可の申請が次の各号のいずれにも適合していると認めるときは，同項の認可をしなければならない。 １　（略） ２　特定の者に対し不当な差別的取扱いをするものでないこと。 第３項　（略）

※下線は筆者。

3　具体例

内閣府の合理的配慮サーチや各省庁の対応指針，また地方公共団体の公表している資料では，「不当な差別的取扱い」として，以下のような具体例が挙げられており，参考になります[5][6]。

【図表4－2】不当な差別的取扱いに当たり得る具体例と該当しない具体例

〈不当な差別的取扱いに当たり得る具体例〉

【商品・サービス分野】
• 障害を理由に，窓口での対応を拒んだり，順序を後回しにしたりする。 • 障害を理由に，資料やパンフレットなどの提供，説明会やシンポジウムなどへの出席を拒む。 • 障害を理由に，必要がないにもかかわらず介助者の同行を求めるなどの条件を付けたり，支障がないにもかかわらず介助者の同行を拒んだりする。 • 本人を無視して介助者だけに話しかける。 • 車椅子の使用者が，施設の構造上問題がないにもかかわらず，何の理由の説明もなく入場を断られる。 • 飲食店で盲導犬等の補助犬の同伴を拒否される。 • グループ旅行の際に他のメンバーは乗船できるのに，「視覚障害者は危ないので乗らないでください」と言われ，観光船に乗ることを拒否される。 • 正当な理由なく，タブレット端末の持込みを拒否する。
【福祉サービス分野】
• ろうの子供を保育園に入れたいと申請すると，「責任を持てないから無理です。」と言われ，入園を拒否される。 • 事業所にホームヘルパーを依頼する際，発達障害であることを伝えると，（他のケースでは利用させているにもかかわらず）利用を断られる。 • 保育所で，障害児の担当の先生がいたにもかかわらず，「危険です。」と言われ，

5　https://www8.cao.go.jp/shougai/suishin/jirei/index_general.html

6　大阪府福祉部障がい福祉室
（https://www.pref.osaka.lg.jp/attach/1203/00314249/2803sabeguide.pdf）
東京都福祉保健局
（https://www.fukushihoken.metro.tokyo.lg.jp/tokyoheart/sabetsu/sabetsu_02.html）
埼玉県保健医療部医療整備課
（https://www.pref.saitama.lg.jp/a0703/sabetukaisyouhou.html）

校外学習への参加を断られる。 • 施設に入所しているが，施設側と保証人となっている息子に自宅に帰ることを反対される。
【交通機関分野】
• 障害があることのみをもって，列車に乗車できる場所や時間帯を制限し，または障害者でない者に対して付さない条件をつける。 • タクシーに理由の説明もなく車椅子だからと乗車を拒否される。 • 知的障害者が，バスの運転手から「乗らないでください。」と言われ，乗車を拒否される。 • 車椅子使用者に対し，混雑する時間のバス利用を避けてほしいと言う。 • バスの運転者が，乗車スペースがあると認識していたにもかかわらず，介助者や他の乗客への協力を依頼することなく車椅子使用者だけ乗車を拒否する。 • 航空旅行に関して特段の支障等がない利用者に対し，診断書の提出を求める。 • 身体障害者補助犬法に基づく盲導犬，聴導犬，介助犬の帯同を理由として乗車・乗船・搭乗を拒否する。 • 安全上の理由などがなく，座席制限が不要であるにもかかわらず，座席を制限する。 • 障害者割引に対して，割引タクシー券の利用や領収書の発行を拒否する。
【住宅分野】
• 「障害者向けの物件はない。」と言って対応しない。 • 障害者が母親と２人暮らしをしていて，母親が亡くなり単身生活になったところ，不動産管理会社より障害者の単身入居を理由に「賃貸住宅から出ていってほしい。」と言われる。 • 支援者団体がグループホームとして，住宅を借りようとしたが，精神の病気とわかると契約時に大家に断られる。 • 視覚障害者が，火の用心のためという理由でアパートへの入居を断られる。 • 入居のための審査で精神疾患を理由に入居を拒否されたり，精神疾患を理由に保証人の数を増やされたりする。 • 筆談によるコミュニケーションができるにもかかわらず，契約手続ができないとして，　売買等の契約を拒否される。 • 物件一覧表に「障害者不可」と記載する。 • 物件広告に「障害者お断り」として入居者募集を行う。 • 宅地建物取引業者が，障害者に対して，「当社は障害者向け物件は取り扱っていない」として話も聞かずに門前払いする。 • 宅地建物取引業者が，賃貸物件への入居を希望する障害者に対して，障害があることを理由に，賃貸人や家賃債務保証会社への交渉等，必要な調整を行うことなく仲介を断る。 • 宅地建物取引業者が，障害者に対して，「火災を起こすおそれがある」等の懸念を理由に，仲介を断る。 • 宅地建物取引業者が，１人暮らしを希望する障害者に対して，一方的に１人暮

らしは無理であると判断して，仲介を断る。
- 宅地建物取引業者が，車椅子で物件の内覧を希望する障害者に対して，車椅子での入室が可能かどうか等，賃貸人との調整を行わずに内覧を断る。
- 宅地建物取引業者が，障害者に対し，障害を理由とした誓約書の提出を求める。

【教育分野】

- 合理的配慮の提供を受けたことを理由に，試験などにおいて評価対象から除外したり評価に差をつけたりする。
- 障害児が，何の説明や検討もなしに入学を拒否される。
- 障害児が，受験を拒否される。
- 障害児が，障害の特性に応じた代替案の検討等の配慮もなしに，体育や実習科目への参加を拒否される。
- 障害児が，学校行事や授業で保護者の付添いを求められ，それを断ると，学校行事や授業への参加を拒否される。
- 客観的に見て，人的体制，設備体制が整っており，対応可能であるにもかかわらず，障害を理由に教育および保育の提供を拒否することや，提供にあたって正当な理由のない条件を付ける。
- 障害を理由に，教育および保育の提供にあたって，仮利用期間を設ける，他の利用者の同意を求めるなど，他の利用者と異なる手順を課す。
- 学校，社会教育施設，スポーツ施設，文化施設等において，窓口対応を拒否し，または対応の順序を後回しにする。
- 資料の送付，パンフレットの提供，説明会やシンポジウムへの出席等を拒む。
- 社会教育施設，スポーツ施設，文化施設等やそれらのサービスの利用をさせない。
- 学校への入学の出願の受理，受験，入学，授業等の受講や研究指導，実習等校外教育活動，入寮，式典参加を拒むことや，これらを拒まない代わりとして正当な理由のない条件を付す。
- 試験等において合理的配慮の提供を受けたことを理由に，当該試験等の結果を学習評価の対象から除外したり，評価において差をつけたりする。

【医療分野】

- 障害を理由に，診療・入院等を拒否する。
- ベッドの上に１人で乗ることができないことを理由に，診察を断る。
- 知的障害者が暴れたり，泣いたり，大声を出したりするため，対応の工夫をすることなく，次回以降の診療を断る。
- 車椅子で病院に行くと，障害があることや土足禁止を理由に診療を拒否される。
- 視覚障害者が病院に行く際に付き添いを求められる。
- 医療の提供に際して必要な情報提供が行われない。
- 大人の患者に対して，幼児の言葉で接すること。
- 本人またはその家族等の意思（障害者の意思を確認することが困難な場合に限る）に反したサービス（施設への入所など）を行う。
- 正当な理由なく，医療機関や薬局内で，身体障害者補助犬の同伴や待機を拒否する。
- 病院が受け入れ可能な体制であるにもかかわらず，難病の人の受診を拒否する。
- 正当な理由なく，診察する場所を指定したり，個室を利用するよう求めたりするなどの制限を行う。
- 正当な理由なく，病院や施設が行う行事等への参加や，共用設備の利用を制限する。
- 電動車椅子利用者に対し，医療面や衛生面に問題がないにもかかわらず，手動車椅子に乗り換えるよう条件を付ける。
- 入浴介助を行うにあたり，人員体制が整っているにもかかわらず，重度の知的障害のある成人女性に異性介助をする。
- 聴覚障害のある人に対し，聞こえないことを理由に，障害状況の確認や必要となっている配慮について具体的な検討を行わず，入院等を拒否する。
- 障害により待てない，落ち着かない等の特性がある人に対し，待合室から出ていくよう求める。
- 視覚障害のある人が予防接種を受ける際，問診票に自筆での署名ができないことを理由に接種を断る。

〈不当な差別的取扱いに該当しない具体例〉

【商品・サービス分野】

- 合理的配慮を提供等するために必要な範囲で，プライバシーに配慮しつつ，障害者に障害の状況等を確認する。
- 事前に申告のあった障害の状況や，必要とする条件，措置に適切に対応できる運送等サービスをやむを得ず手配できない場合に，ツアーへの参加を拒否する，または，旅程の一部に制限を加える。
- ツアー中に，添乗員等において対応可能な医学的，専門的知識を要しない軽微な措置を超える介助，補助その他の支援措置が必要となるにもかかわらず，障害者が，介助者の同伴を拒絶する場合に，ツアーへの参加を拒否する，または，旅程の一部に制限を加える。
- 障害の状況や必要とする条件，措置について，旅行申込時に申告がなく，事前に，運送機関等における対応の可否，旅程への影響の有無，または，他の参加者への影響の有無を確認することができず，当該障害への適切な対応を確保できない場合に，ツアーへの参加を拒否する，または，旅程の一部に制限を加える。

【交通機関分野】

- 合理的配慮を提供等するために必要な範囲で，プライバシーに配慮しつつ，障害者に障害の状況等を確認する。
- 車椅子等を使用して列車に乗車する場合，段差が存在し，係員が補助を行っても上下移動が困難等の理由により，利用可能駅・利用可能列車・利用可能時間等の必要最小限の利用条件を示す。

- 車椅子等を使用して列車に乗車する場合，段差にスロープ板を渡す等乗降時の対応にかかる人員の手配や車椅子座席の調整等で乗降に時間がかかる。
- 車内が混雑していて車椅子スペースが確保できないバスの場合，車椅子使用者に説明した上で，次の便への乗車をお願いする。
- 低床式車両やリフト付きバスでない場合，運転者１人で車椅子使用者の安全な乗車を行うことは無理と判断し，他の利用者に車内マイクを使って協力をお願いしたが，車内で利用者の協力が得られず乗車できない場合，説明をした上で発車する。
- 車椅子がバスに設置されている固定装置に対応していないため，転倒等により車椅子利用者や他の乗客が怪我をするおそれがある場合は，乗車を遠慮してもらう。
- 車椅子の乗車設備，固定装置等がないタクシーの場合，車椅子を使用したままの乗車を断る。
- セダン式タクシーの場合，手動車椅子や簡易電動車椅子等の折りたたみ可能なものは，法令等の基準内においてトランクに（ひも等で縛り）積載が可能であるが，大型電動車椅子等の折りたたみが不可能なものについては積載できないため，乗車を断る。
- 車椅子からタクシー座席への移乗等にあたって，介助人がおらずタクシードライバーだけでは対応ができない場合は乗車を断る。
- 駐停車禁止除外標章等の交付を受けていない車両において，駐停車禁止場所での乗降や，車両を離れての介助行為等道路交通法等の法規制に抵触するサービスの提供を断る。
- 障害の程度から客観的に判断して，緊急時に，乗組員が他の乗客の安全の確保を図りつつ補助を行ったとしても，安全に避難することが困難と考えられる場合において，当該障害者に介助者の付き添いを求める。
- 乗組員が乗降を補助する必要がある場合において，限られた乗組員で船舶を安全に離着岸させる都合上，乗下船の順番を前後させる。
- コミュニケーションに係る合理的配慮の提供に十分に努めた上で，緊急時等の客室乗務員の安全に関する指示が理解できないおそれのある利用者に対して付き添いの方の同伴を求める。
- 特別なお手伝いが必要な場合に，緊急時を含め，十分なサービスを提供できるよう当日空港で状況の確認を含めた搭乗手続に時間を要する。
- 車椅子使用者および一般の利用者に円滑に搭乗・降機してもらうため，車椅子使用者に対して，最初の搭乗および最後の降機を依頼する。
- 国土交通省通達により，目，耳，言葉または足が不自由な利用者もしくは身体障害者補助犬を同伴される利用者等，緊急脱出時の援助者として行動することが困難と考えられる利用者に対して非常口座席の利用を制限する。
- 保安上の理由により，障害者を含めすべての利用者を保安検査の対象とする。
- 客室乗務員等の本来の業務に付随するものでないため，食事・化粧室の利用などの介助が必要な利用者に対して，付き添いの方の同伴を求める。ただし，食事は不要である旨利用者より申し出があった場合は，食事の介助のための同伴は求めない。
- 本来の業務に付随するものでないため，包帯の交換や注射等医療行為は実施しない。
- 定時性確保のため，搭乗手続や保安検査に時間がかかることが予想される利用者には早めに空港に来てもらう。
- 使用機材，空港車両または人員等の理由により，車椅子のサイズと重量が搭載の規定範囲を超えていると判断される場合は，車椅子の受託を断る。
- 空港要件（エレベーターの有無や天候，車椅子の重さなど）によって，飛行機のドア付近での車椅子の受託・返却を断る。
- 短時間でのストレッチャーの着脱は不可能であるため，ストレッチャー使用者が希望される搭乗便の機材上の前後の便が満席であること理由に，搭乗便の変更を依頼する。
- ストレッチャーの取り付け可能な空港が限られているため，搭乗便の変更を依頼する。

【教育分野】

- 学校，社会教育施設，スポーツ施設，文化施設等において，合理的配慮を提供等するために必要な範囲で，プライバシーに配慮しつつ，障害者である利用者に障害の状況等を確認する。
- 障害のある幼児，児童および生徒のため，通級による指導を実施する場合において，また，特別支援学級および特別支援学校において，特別の教育課程や保育計画を編成する。

※内閣の基本方針を踏まえて，各省庁が作成した対応指針の中には不当な差別的取扱いや合理的配慮の提供の具体例が記載されています。こうした対応指針は，事業者における差別の解消に向けた具体的取組みのために参考になる一般的な考え方を記載したものであり，この対応指針に盛り込まれた不当な差別的取扱いや合理的配慮の具体例は，事業者に強制する性格のものではなく，また，あくまで例示であって記載された具体例に限定されるものでもなく，さらには，今後の事例の蓄積により，見直しがあり得るとされています。

4　障害を理由とすること

障害者差別解消法は，「障害を理由として」不当な差別的取扱いをしてはならないと規定しており，障害の有無と関係ない場合は不当な差別的取扱いの問題にはなりません。

この点について，内閣府障害者施策担当作成による合理的配慮の提供等事例集では，以下のようなQ&Aが記載されています。

Q　接客態度について，挨拶がなかったり丁寧でなかったりする場合には，不当な差別的取扱いとなるのでしょうか。

A　障害の有無とは関係のない普段の接客態度に至らない点があっても，不当な差別的取扱いには当たりません。
※障害の有無によって接客態度を変えているのであれば，不当な差別的取扱いに当たります。

5　不当性

障害者差別解消法は，「差別的取扱い」の前にあえて「不当な」という文言を付けています。これは，正当な理由があれば障害者と障害者以外の者とで違う取扱いをしてもよい（言い方を変えると，いわゆる差別でなく区別ならよい）ということを言っているのではなく，「差別」的取扱いではあるものの，不当でなければ許されることもあるということを示していると考えられます。

この「不当な」の意味について，障害者差別解消法では特に定義や判断要素等は規定されていませんが，内閣の策定した基本方針では「不当な」を裏面から説明し，「障害者に対して，正当な理由なく，障害を理由として，財・サービスや各種機会の提供を拒否する又は提供に当たって場所・時間帯などを制限する，障害者でない者に対しては付さない条件を付けることなどにより，障害者の権利利益を侵害することを禁止」していると書かれており，「正当な理由」があれば例外的に差別的取扱いも許される場合があり得ることを示しています。

そして基本方針では，「財・サービスや各種機会の提供を拒否するなどの取扱いが客観的に見て正当な目的の下に行われたものであり，その目的に照らしてやむを得ないと言える場合」（つまり，①目的の正当性，②手段としての必要不可欠性，の２要件が充足される場合）に，「正当な理由」があるとされ，正当な理由の有無について，「個別の事案ごとに，障害者，事業者，第三者の権利利益（例：安全の確保，財産の保全，事業の目的・内容・機能の維持，損害発生の防止等）及び行政機関等の事務・事業の目的・内容・機能の維持等の観点に鑑み，具体的場面や状況に応じて総合的・客観的に判断することが必要」とされています[7]。

したがって，障害者が不当な差別的取扱いを受けたと感じた場合であっても，それをもって常に不当な差別的取扱いがあったことになるわけではなく，あく

7　基本方針第２－２(2)

【図表４－３】正当な理由

正当な理由	①目的の正当性 ②手段としての必要不可欠性

までも具体的な場面や状況に応じて総合的･客観的に判断することとなります[8]。【図表４－４】では，基本方針が列挙している具体的な例を記載しています。漠然とした安全上の問題や，抽象的な危険などでは正当な理由としては足りず，個別の状況における具体的な理由が求められています。

なお，不当な差別的取扱いは，あくまでも障害者と障害者でない者との差別的取扱いが問題になるのであり，障害者間の異なる取扱いは不当な差別的取扱いには該当しません。

【図表４－４】正当な理由が認められない例と認められる例

〈正当な理由が認められない例（不当な差別的取扱いに該当すると考えられる例）〉

- 障害の種類や程度，サービス提供の場面における本人や第三者の安全性などについて考慮することなく，漠然とした安全上の問題を理由に施設利用を拒否すること。
- 業務の遂行に支障がないにもかかわらず，障害者でない者とは異なる場所での対応を行うこと。
- 障害があることを理由として，障害者に対して，言葉遣いや接客の態度など一律に接遇の質を下げること。
- 障害があることを理由として，具体的場面や状況に応じた検討を行うことなく，障害者に対し一律に保護者や支援者・介助者の同伴をサービスの利用条件とすること。

8　内閣府障害者施策担当作成による2023年（令和５年）４月付け「障害者差別解消法【合理的配慮の提供等事例集】」（https://www8.cao.go.jp/shougai/suishin/jirei/pdf/gouriteki_jirei.pdf）

〈正当な理由が認められる例（不当な差別的取扱いに該当しないと考えられる例）〉

- 実習を伴う講座において，実習に必要な作業の遂行上具体的な危険の発生が見込まれる障害特性のある障害者に対し，当該実習とは別の実習を設定すること。←障害者本人の安全確保の観点
- 飲食店において，車椅子の利用者が畳敷きの個室を希望した際に，敷物を敷くなど，畳を保護するための対応を行うこと。←事業者の損害発生の防止の観点
- 銀行において口座開設等の手続を行うため，預金者となる障害者本人に同行した者が代筆をしようとした際に，必要な範囲で，プライバシーに配慮しつつ，障害者本人に対し障害の状況や本人の取引意思等を確認すること。←障害者本人の財産の保全の観点
- 電動車椅子の利用者に対して，通常よりも搭乗手続や保安検査に時間を要することから，十分な研修を受けたスタッフの配置や関係者間の情報共有により所要時間の短縮を図った上で必要最小限の時間を説明するとともに，搭乗に間に合う時間に空港に来てもらうよう依頼すること。←事業の目的・内容・機能の維持の観点

コラム

積極的改善措置などは不当な差別的取扱いに当たるか？

基本方針では，以下の場合は，不当な差別的取扱いではないと述べています。

- ➢ 障害者を障害者でない者と比べて優遇する取扱い（いわゆる積極的改善措置）
- ➢ 法に規定された障害者に対する合理的配慮の提供による障害者でない者との異なる取扱い
- ➢ 合理的配慮を提供等するために必要な範囲で，プライバシーに配慮しつつ障害者に障害の状況等を確認すること

このうち，積極的改善措置については「逆差別」として話題にもなりやすいところですが，内閣府のウェブサイトには障害者割引に関する以下の記載があり，参考になります[9]。

Q　障害者割引について，身体障害者と知的障害者には適用され，精神障害者には適用されない場合には，不当な差別的取扱いとなるのでしょうか。

A　障害者割引は，障害者を障害者でない者と比べて優遇する取扱い（いわゆる積極的改善措置）となりますので，一部の障害種別のみを対象にしたものであっても，不当な差別的取扱いには当たりません。ただし，正当な理由なく障害種別によって取扱いに差が生じることは望ましくありませんので，精神障害者に対する割引への理解と協力を得て，より多くの事業者で取組が広がっていくことが期待されます。

9　前掲注8と同じ。

6　行政措置による実効性の確保

主務大臣は，民間の事業者による不当な差別的取扱いの禁止や合理的配慮の提供について，特に必要があると認める場合には，当該事業者に対して，報告を求め，または助言・指導・勧告を行うことができます（法12条）[10 11]。

主務大臣にこの権限を付与することにより，民間の事業者による不当な差別的取扱いの禁止や合理的配慮の提供の実効性を確保することが意図されています。

もっとも，実効性確保の手段として，他の法令等で定められることが多い改善命令や公表などの行政処分までは定められていません。これは，あくまでも民間の事業者には自主的な取組みを促すという基本姿勢によるもので，強力な行政処分までは想定しておらず，比較的緩やかな行政処分のみが定められています。

また，民間の事業者が，主務大臣から求められた報告をしない場合および虚偽の報告をした場合には，20万円以下の過料に処せられます[12]（法26条）。

10　一方，環境の整備（法５条）は主務大臣による行政措置（法12条）の対象にはなりません（後述第６章参照）。

11　行政機関等については，同様の規定は設けられていません（後述第13章参照）。

12　過料とは，行政上の秩序を維持するための金銭的な制裁を科す処分（秩序罰）であり，行政刑罰（懲役，罰金，科料）のように刑法や刑事訴訟法の適用を受けるものではありません。

【図表４－５】違反の場合

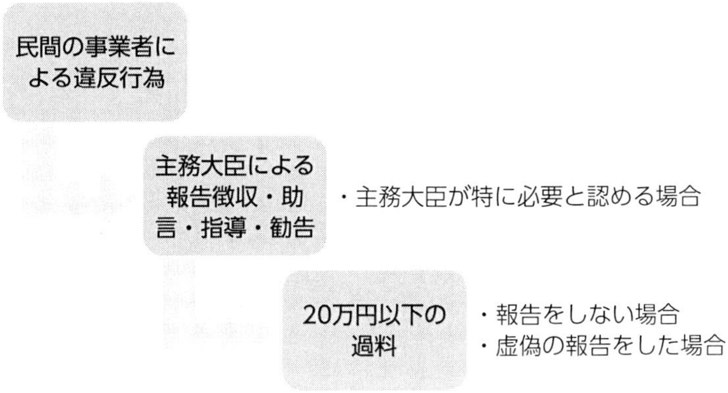
民間の事業者による違反行為
主務大臣による報告徴収・助言・指導・勧告
・主務大臣が特に必要と認める場合
20万円以下の過料
・報告をしない場合
・虚偽の報告をした場合

第5章

合理的配慮の提供

1　概　要

障害者差別解消法は，以下のとおり，７条２項で行政機関等による合理的配慮の提供について，８条２項で民間の事業者による合理的配慮の提供について，それぞれ規定しています。

行政機関等は，障害者からの意思表示があった場合には，その負担が過重でない場合は，合理的配慮を提供する必要があります。

一方，民間の事業者は，改正法（2024年施行）が施行される前は，障害者の意思表示があった場合には，その負担が過重でない場合は，合理的配慮を提供する努力をしなければならず，同改正法の施行後は，努力するだけでなく，合理的配慮を提供しなければなりません。

（行政機関等における障害を理由とする差別の禁止）
第７条第２項
行政機関等は，その事務又は事業を行うに当たり，障害者から現に社会的障壁の除去を必要としている旨の意思の表明があった場合において，その実施に伴う負担が過重でないときは，障害者の権利利益を侵害することとならないよう，当該障害者の性別，年齢及び障害の状態に応じて，社会的障壁の除去の実施について必要かつ合理的な配慮をしなければならない。

（事業者における障害を理由とする差別の禁止）
第８条第２項
事業者は，その事業を行うに当たり，障害者から現に社会的障壁の除去を必要としている旨の意思の表明があった場合において，その実施に伴う負担が過重でないときは，障害者の権利利益を侵害することとならないよう，当該障害者の性別，年齢及び障害の状態に応じて，社会的障壁の除去の実施について必要かつ合理的な配慮をするように努めなければならない。
↓
2024年（令和６年）４月１日施行の改正法により，以下のように変更されています。

第８条第２項
事業者は，その事業を行うに当たり，障害者から現に社会的障壁の除去を必要としている旨の意思の表明があった場合において，その実施に伴う負担が過重でないときは，障害者の権利利益を侵害することとならないよう，当該障害者の性別，年齢及び障害の状態に応じて，社会的障壁の除去の実施について必要かつ合理的な配慮をしなければならない。

細かい話にはなりますが，いずれの条項も「合理的配慮」ではなく「合理的な配慮」という表現が使用されているものの，一般的には合理的配慮と呼ばれています。

「合理的配慮」という表現自体は，もともと障害者権利条約を批准する際に外務省の公定訳が同条約２条で使用されている「reasonable accommodation」を「合理的配慮」としたことによります。

英語のreasonableという単語には合理的という訳語が当てはまるとしても，accommodationという単語は配慮というよりもむしろ調整の意味合いで使われることから「合理的配慮」という表現は誤訳ではないか，配慮という表現を使用することにより恩恵として施すというニュアンスで受け取られる可能性があるのではないか，といった種々の議論のあるところですが，一方で，障害者権利条約における「modification and adjustments」を「変更および調整」と訳していることとの関係で，accommodationにも調整という訳語をあてることは適切ではなかったという背景事情もあります。

少なくとも障害者差別解消法等では「合理的配慮」という表現が現に使用されており，本書でもそのまま「合理的配慮」という表現を使用しています。

なお，「合理的配慮」や「合理的な配慮」という表現は，他の法律でも用いられており，たとえば**【図表５－１】**の各法が挙げられます。

【図表５－１】参考：「合理的配慮」「合理的な配慮」という表現を使用しているその他の法律

	内　容
障害者権利条約	（外務省の公定訳） **第２条　定義** この条約の適用上，「合理的配慮」とは，障害者が他の者との平等を基礎として全ての人権及び基本的自由を享有し，又は行使することを確保するための必要かつ適当な変更及び調整であって，特定の場合において必要とされるものであり，かつ，均衡を失した又は過度の負担を課さないものをいう。 （原文） **Article 2 Definitions** For the purposes of the present Convention: “Reasonable accommodation” means necessary and appropriate modification and adjustments not imposing a disproportionate or undue burden, where needed in a particular case, to ensure to persons with disabilities the enjoyment or exercise on an equal basis with others of all human rights and fundamental freedoms;
障害者基本法	**（差別の禁止）** **第４条第２項** 社会的障壁の除去は，それを必要としている障害者が現に存し，かつ，その実施に伴う負担が過重でないときは，それを怠ることによって前項の規定に違反することとならないよう，その実施について必要かつ合理的な配慮がされなければならない。

※筆者において表記を一部修正。

コラム

「合理的」は「reasonable」か「rational」か

すでに述べたとおり，「合理的配慮」という表現は，もともと障害者権利条約を批准する際に外務省の公定訳が同条約２条で使用されている「reasonable accommodation」を「合理的配慮」としたことによります。

この「合理的」の意味について，たとえば川島聡他『合理的配慮　対話を開く，対話が拓く』（有斐閣，2016年）[1]では，「分析的な観点から，「合理的配慮」というかたまりの概念が，英米の哲学思想でいうところの“rational”ではなく“reasonable”のニュアンスを有している，ということは指摘しておくべきだろう」という指摘がされています。

これは，一般的に「合理的」という言葉は“rational”と“reasonable”という異なる単語の日本語訳として用いられていることを意識した上で，合理的配慮という言葉における合理的は，論理的な合理性という趣旨で経済的・効率的というニュアンスも含む「rational」ではなく，「reasonable＝理にかなった」という意味で使われているということの指摘と思われ，非常にわかりやすい説明のように思います。

1　川島聡＝飯野由里子＝西倉実季＝星加良司『合理的配慮　対話を開く，対話が拓く』（有斐閣，2016年）４頁

２　改正法（2024年施行）による変更点

2021年（令和３年）５月に障害者差別解消法の改正法が成立し，翌月４日に公布されました。同改正法の施行日は2024年（令和６年）４月１日であり，施行日以降は，それまでは努力義務にすぎなかった民間の事業者の合理的配慮の提供義務が，法的義務となります。

【図表５－２】障害者差別解消法の改正前後

〈従前の障害者差別解消法〉

	行政機関等	民間の事業者
合理的配慮の提供	◎（法的義務）	○（努力義務）

〈改正法（2024年施行）〉

	行政機関等	民間の事業者
合理的配慮の提供	◎（法的義務）	◎（法的義務）

では，なぜもともとは行政機関等については法的義務だったにもかかわらず，民間の事業者については努力義務とされていたのでしょうか。

立法時の説明では，障害者と相手方の関係は様々であり，求められる配慮も多種多様であることから，国の行政機関や地方公共団体，独立行政法人等の政府の一部を構成するとみられる法人などの公的主体については法的義務とし，民間の事業者については努力義務を課した上で，内閣府が策定する対応指針により自発的な取組みを促すこととしたとされていました[2]。そして，附則によって，政府は，法律の施行後３年を経過した場合において，事業者による合理的配慮のあり方その他この法律の施行の状況について検討を加え，必要があると

２　内閣府障害者施策担当作成による2013年（平成25年）６月付け「障害を理由とする差別の解消の推進に関する法律Q&A集」問10－９

認めるときは，その結果に応じて所要の見直しを行うものとされていました。

それを踏まえ，障害者差別解消法の施行（2016年（平成28年）４月）後３年を経過した2019年（平成31年）２月には，同法の見直しの検討が開始されました。翌年６月には，障害者政策委員会において同法の見直しに関する意見の取りまとめが行われ，そこでは，事業者による合理的配慮の提供について，事業者を含めた社会全体の取組みを進めていくとともに障害者権利条約との一層の整合性の確保等を図る観点から，さらに関係各方面の意見等を聴き，その義務化を検討すべきとされました。それを踏まえ，同年10月には，内閣府において事業者団体・障害者団体のヒアリングが行われました[3]。

その結果，2021年（令和３年）３月に，障害を理由とする差別の解消の一層の推進を図るべく，事業者についても合理的配慮の提供の法的義務を負わせることとした障害者差別解消法の改正法案が国会に提出され，５月に成立するに至りました。

3　事業者団体（34団体）のヒアリングにおいては，事業者団体の多くが義務化に一定の理解を示す一方で，一部の事業者団体は現時点では義務化は時期尚早である，引き続き努力義務とすべきとの意見でした。また，障害者団体（19団体）のヒアリングにおいては，総じて事業者の合理的配慮の提供を義務化すべきとの強い意見が示されたほか，相談・紛争解決体制を整備すべき，差別の定義を明確にすべき，周知啓発を進めるべき等の意見が出されました。

3　6つの要素

合理的配慮の提供を定める障害者差別解消法の7条2項と8条2項の各条項は，以下のように分けることができます。

① 行政機関等の事務または事業／事業者の事業を行うに当たり
② 障害者から現に社会的障壁の除去を必要としている旨の意思の表明があった場合において
③ その実施に伴う負担が過重でないときは
④ 障害者の権利利益を侵害することとならないよう
⑤ 当該障害者の性別，年齢および障害の状態に応じて
⑥ 社会的障壁の除去の実施について必要かつ合理的な配慮をしなければならない

①　その（事務または）事業を行うに当たり

法は，「行政機関等は，その事務又は事業を行うに当たり……」，「事業者は，その事業を行うに当たり……」というように規定しており，合理的配慮は本来の事務または事業に付随するものであることが前提となっています。基本方針では，この点について，(i)行政機関等および事業者の事務・事業の目的・内容・機能に照らし，必要とされる範囲で本来の業務に付随するものに限られること，(ii)障害者でない者との比較において同等の機会の提供を受けるためのものであること，(iii)事務・事業の目的・内容・機能の本質的な変更には及ばないことに留意が必要であると述べられています。(i)により，本来業務への付随性の判断は事業の目的・内容・機能の点から判断することが明らかになっています。一方，法7条2項および8条2項の文言からは，①に上記(ii)(iii)が含まれているのか必ずしも明らかではないのが悩ましいですが，基本方針を踏まえて，民間の事業者のための対応指針が各省庁により作成されることを踏まえると

(法11条１項)，この(ii)(iii)の視点も重要ということになります。

基本方針では，(i)〜(iii)の視点から合理的配慮の提供義務に反しないと考えられるケースとして，以下の例を記載しています。

・(i)について

飲食店において，食事介助等を求められた場合に，当該飲食店が当該業務を事務・事業の一環として行っていないことから，その提供を断ること。

これは，必要とされる範囲で本来の業務に付随するものに限られるという観点から，合理的配慮の提供義務に反しないと考えられる。

・(ii)について

抽選販売を行っている限定商品について，抽選申込みの手続を行うことが困難であることを理由に，当該商品をあらかじめ別途確保しておくよう求められた場合に，当該対応を断ること。

これは，障害者でない者との比較において同等の機会の提供を受けるためのものであることの観点から，合理的配慮の提供義務に反しないと考えられる。

・(iii)について

オンライン講座の配信のみを行っている事業者が，オンラインでの集団受講では内容の理解が難しいことを理由に対面での個別指導を求められた場合に，当該対応はその事業の目的・内容とは異なるものであり，対面での個別指導を可能とする人的体制・設備も有していないため，当該対応を断ること。

これは，事務・事業の目的・内容・機能の本質的な変更には及ばないことの観点から，合理的配慮の提供義務に反しないと考えられる。

②　障害者から現に社会的障壁の除去を必要としている旨の意思の表明があった場合において

合理的配慮の提供は，意思の表明があることを前提としています。後述５をご覧ください。

③　その実施に伴う負担が過重でないときは

合理的配慮の提供は過重な負担とならない範囲で行うものとされています。後述6をご覧ください。

④　障害者の権利利益を侵害することとならないよう

障害者の権利利益を侵害することがないよう，合理的配慮の提供が求められていますが，権利侵害自体が合理的配慮そのものを構成する要素とは考えられていません。

⑤　当該障害者の性別，年齢および障害の状態に応じて

これは，合理的配慮が一律に決まるものではなく，個々の障害者の性別，年齢，障害の状態に応じたものである必要があることを示しています。また，基本方針では，当該障害者が現に置かれている状況も考慮することが記載されており，ある障害者について合理的配慮と言えたものが，たとえ同一人物であっても異なる状況下においては（たとえ同一の場所であっても取り巻く状況が異なれば）合理的配慮には当たらないということがあることを示しています。合理的配慮が個別性の強い概念と言われる所以です。

⑥　社会的障壁の除去の実施について必要かつ合理的な配慮をしなければならない

これを端的に表現したのが「合理的配慮」です。合理的配慮は，障害の特性や社会的障壁の除去が求められる具体的場面や状況に応じて異なり，また，技術や社会の変化等によって変わり得る多様かつ個別性の高いものです。具体的な内容は後述4をご覧ください。

4　合理的配慮の内容

本条の「合理的な配慮」について，法律では特に具体的な内容まで規定されていません。それは，合理的配慮が個別性の強い概念であり，その時々で対象となっている「障害者の性別，年齢及び障害の状態に応じ」たものである必要があるからです。また，後述第6章の「環境の整備」の状況や，技術の進展，社会情勢の変化等によっても変わり得るものだからです。

もっとも，ただ漠然と合理的配慮という言葉が使われても，簡単にイメージが湧くものではありません。合理的配慮の具体例としては，たとえば，内閣の策定した基本方針では，以下の例が挙げられています[4]。

【合理的配慮の例】
- 車椅子利用者のために段差に携帯スロープを渡す，高い所に陳列された商品を取って渡すなどの物理的環境に係る対応を行うこと。
- 筆談，読み上げ，手話，コミュニケーションボードの活用などによるコミュニケーション，振り仮名や写真，イラストなどわかりやすい表現を使って説明をするなどの意思疎通に係る対応を行うこと。
- 障害の特性に応じた休憩時間の調整や必要なデジタル機器の使用の許可などのルール・慣行の柔軟な変更を行うこと。
- 店内の単独移動や商品の場所の特定が困難な障害者に対し，店内移動と買物の支援を行うこと。

また，内閣府の合理的配慮サーチや各省庁の対応指針，地方公共団体の公表している資料には，より多くの具体例が掲載されています。**【図表5－3】**に，障害に応じた合理的配慮の例をまとめましたので，参考にしていただければと思います。

4　基本方針第2－3(1)ウ

【図表5－3】内閣府の合理的配慮サーチ・各省庁の対応指針[5]における具体例[6]

	合理的配慮の具体例
視覚障害	• 驚かせることのないように正面から「私は○○ですが何かお手伝いしましょうか？」と声をかける。 • 「こちら」「あちら」などの指示語ではなく「30センチ右」「2歩前」というように位置関係をわかりやすく伝える。 • 資料を拡大文字や点字によって作成したり，資料の内容を読み上げて伝えたりする。 • パソコンなどで読上機能を使えるように資料のテキスト形式データを提供する。 • 本人の意思を十分に確認しながら書類の記入やタッチパネルの操作などを代行する。 • モニターに整理券番号が表示される仕組みを採用している場合に，受付担当者／店員が整理券番号を把握しておき，順番になったら声をかける。 • 列に並んで順番待ちをする際に，並ぶべき列の最後尾や徐々に進んでいくタイミングがわからない場合に，順番になるまで列とは別の場所で待機できるようにする。 • 盲導犬を連れて入店した場合に，他の客から犬アレルギーという申出があったので，双方了承した上でお互いが離れた位置になるよう配席する。 • 温泉施設に盲導犬の待機場所がないため，入浴中は事務室で預かる。 • 複数の食器に分かれて盛り付けられた料理を提供する場合に，店員が食器の位置や料理内容について説明する。 • 目当ての商品の陳列場所と価格が不明の場合に，店員が商品の陳列している場所まで案内し，価格や機能などの表示情報を読み上げる。 • 店内での写真撮影が禁止されている場合でも，弱視のため商品をタブレットで撮影・拡大して確認したい場合は例外的に認める。 • 好みに合う衣料品を購入できるよう，衣料品の形状や色について口頭で説明し，布地に触れて肌触りを確認できるようにする。 • 模型などを用いて触覚によって把握できるようにする。 • お金を渡す際に，紙幣と貨幣に分け，種類ごとに直接手に渡す。

5　対応指針では，合理的配慮を，(i)物理的環境への配慮，(ii)意思疎通の配慮，(iii)ルール・慣行の柔軟な変更という3類型に分けているものが多いです。

6　https://www8.cao.go.jp/shougai/suishin/jirei/index_etc.html

	・券売機がタッチパネル式の場合に，店員が券売機のタッチパネル操作を代行する。 ・銀行のATMがタッチパネル式の場合に，暗証番号を聞くことについて了解を得た上で，店員がATMのタッチパネル操作を代行する。 ・トイレの中に複数の便器がある場合に，同性の店員がいる場合には，トイレの中まで案内する。 ・電子メールで送付する確認書類が画像として情報に認識され，読み上げソフトで使用することができない場合に，パソコン上で形式変換したものを送付する。 ・駐車場から店舗までの通路にある点字ブロック上に他の客の自転車が置かれている場合，店員が店舗まで案内するとともに，点字ブロック上の自転車を駐輪場に移動させる。 ・視覚情報の処理が苦手な子供等のために掲示物等の情報量を減らす。 ・点字や拡大文字，音声読み上げ機能を使用して学習する児童生徒等のために，授業で使用する教科書や資料，問題文を点訳または拡大したものやテキストデータを事前に渡す。
聴覚･言語障害	・筆談，手話，コミュニケーションボードなどの目で見てわかる方法を用いて意思疎通を行う。 ・字幕や手話などの見やすさを考慮して座席配置を決める。 ・窓口で順番を知らせるときには，アナウンスだけでなく身振りなどによっても伝える。 ・難聴者がいるときには，ゆっくりはっきりと話したり，複数の発言が交錯しないようにしたりする。 ・言語障害により聞き取りにくい場合にわかったふりをせず，内容を確認して本人の意向に沿うようにする。 ・大きな会場で開催されるイベントで，場所によって手話通訳者が見えにくい場合，会場全体から手話が見えやすいように，高さのある台の用意，スポットライトの調整，手話通訳者の見えやすい席の確保，拡大スクリーンの設置等をする。 ・左耳のほうが聞きやすいため講師に向かって右側の位置に配席してほしいという希望がある場合に，希望に沿う位置に配席する。 ・パソコンの持込禁止の会議において，傍聴時にパソコンによるノートテイクを行いたいとの希望がある場合，一律の持込禁止ではなく個別に判断して必要と認められる場合には持込みを許可する。 ・病院の待合室で通常は診察室から次の受診者の名前を呼んでいるが，難聴者には待合室の座席まで呼びに行くようにする。 ・食券制の飲食店で呼ばれたらカウンターに自分で取りに行く仕

	組みである場合に，店員が座席まで配膳する。 ・口話を用いたいが，店員がマスクをしているので読み取れない場合，店員がマスクを外して早口にならないように話をしたり，タブレットや紙に手書きをしたりして対応する。 ・受付が電話のみのため会員登録の内容変更を行うことができない場合に，受付用ではないが他の業務で使用しているFAXがあるため，そちらに新しい登録事項を連絡してもらう。 ・聴覚過敏の障害者のために，机・椅子の脚に緩衝材を付けて雑音を軽減する。 ・聞こえにくさのある児童生徒等に対し，外国語のヒアリングの際に，音質・音量を調整したり，文字による代替問題を用意したりする。
盲ろう（視覚と聴覚の両方に障害）	・障害の程度（全盲ろう，全盲難聴，弱視ろう，弱視難聴）に応じたコミュニケーション方法を確認して用いる。 ・手のひらに○，×，文字などを書いて周囲の状況を伝える。 ・受付窓口などで名前を呼ばれたり番号をパネルで表示されたりしてもわからないため，そばまで行って直接合図して受付窓口へ誘導する。 ・難聴かつ弱視のため，筆談は，太いペンで大きな文字で行う。 ・イベントなどで手話通訳者がいれば，その近くに配席する。スクリーンに文字が表示される場合は，その近くに配席する。 ・必要に応じて点字や拡大文字を用いた配布物を作成したり，配布物の電子データを提供したりする。 ・問い合わせについてメールフォームに入力する方法に限定せず，電子メールでも受け付ける。
肢体不自由	・車椅子利用者のために段差に携帯スロープを渡す。 ・車椅子利用者のためにキャスター上げ等の補助をする。 ・携帯スロープがない場合は，通常は内部者が使用する段差が小さい通用口へ案内する。 ・車椅子利用者にとってカウンターが高い場合に，カウンター越しの対応ではなく，他のテーブルに移る等して，適切にコミュニケーションを行う。 ・高い所に陳列された商品を取って渡す。 ・列に並んで順番を待つことが難しいときには，列から外れて順番を待てるようにする。 ・列に並んで順番を待つことが難しいときには，椅子などを用意する。 ・脊髄損傷などにより体温調整が損なわれているときには，エアコンなどの室温調整に配慮する。 ・本人の意思を十分に確認しながら書類の記入やタッチパネルの操作などを代行する。

- 受付窓口が２階にあるものの，エレベーターがないため上がれない場合，１階の適宜の場所で受付を臨時に実施する。
- 申請書類に記入するための台が高すぎるため，申請書類の下に敷くバインダーを貸す。
- 指定された手続の受付時間が通勤時間帯で混雑する時間帯であり，移動の負担が大きいため，混雑を避けて移動できるよう受付時間の調整を行う。
- 店舗が２階にあるものの，エレベーターが故障して上がれない場合，従業員用のエレベーターを使って２階に上がってもらう。
- エレベーターがない施設の上下階の移動の際に，マンパワーにより移動をサポートしたり，上階の職員が下階に降りて手続を行ったりする等の配慮をする。
- 店舗の出入口が押し引きして開けるドアのため１人で出入りするのが難しい場合，出入口に着いたところで電話をかけてもらい，店員がドアの開閉を行う。
- 移動に困難のある障害者の動線を確保するために，通路の拡幅やレイアウトの変更を行う。
- 敷地内の駐車場等において，障害者の来訪が多数見込まれる場合，通常，障害者専用とされていない区画を障害者専用の区画に変更する。
- 商業施設で他の客が多く通路を通れない，エレベーターに乗れないような場合，目的の売り場まで店員が誘導する。
- 飲食店で一般のテーブルには空きがあったものの，車椅子のまま利用できるテーブルを車椅子を使用していない客が使用していた場合，その客の承諾を得て，車椅子の客も利用できるよう配席する。
- 飲食店で車椅子のまま着席することを希望する場合，元の椅子は片付けて，車椅子のまま着席できるスペースを確保する。
- 通常の盛り付けでは食べづらい料理がある場合，料理を食べやすい大きさにカットし，取りやすさにも配慮する。
- ホテル宿泊時に，大広間でバイキング形式で食事をすることになっていたものの，体調不良のため移動を少なくしたいという希望がある場合，およそ１人前の料理を取り分けて客室まで運ぶ。
- 申請書類に自分で記入することができず，同行者もいない場合，十分に本人の意向を確認した上で，店員が代筆による記入を行う。記入内容について後で見解の相違が生じないよう，複数の店員が立ち会う。
- 自動精算機の順番待ちで，行列が折れ曲がるように配置され，車椅子では並べない場合，自動精算機ではなく有人の窓口で精算を行う。

	• 指を動かすのが難しく，会計のときに財布から小銭を取り出すのに手間取ってしまう場合，申出を受けて，本人によく確認しつつ，店員が代わりに小銭を取り出して会計を行う。 • 体温調節機能の障害により炎天下に長時間並ぶことが困難な場合，スタッフが順番を把握しておき，順番となるまで室内で待機してもらう。 • 飲料の持込みが禁止されるイベントで，障害特性で手の震えが強く，会場内で販売している飲料のコップでは中身をこぼしてしまう場合，持参のプラスチック製の蓋付き容器の使用を許可する。 • ATMの操作が困難な顧客には声がけし，適切な対応をとる。 • 展示会等開催時の入退場に支障が生じるような場合には，一般入退場口とは別に専用口を設ける。 • セルフサービスのガソリンスタンドにおいて，要望があった場合には，安全に配慮しつつ給油に協力する。 • 不随意運動等により書類等を押さえることが難しい障害者に対し，職員が書類を押さえたり，バインダー等の固定器具を提供したりする。 • 資格試験等を受験する際や学習塾等での座席は，必要なスペースを確保する。 • 移動に困難のある子供等のために，通園のための駐車場を確保したり，保育室をアクセスしやすい場所に変更したりする。 • 肢体不自由のある児童生徒等に対し，体育の授業の際に，上・下肢の機能に応じてボール運動におけるボールの大きさや投げる距離を変えたり，走運動における走る距離を短くしたり，スポーツ用車椅子の使用を許可したりする。
知的障害	• ゆっくりはっきりと話したり，コミュニケーションボードなどを用いたりして意思疎通を行う。 • 資料を簡潔な文章によって作成したり，文章にルビを付したりする。 • 実物，写真，絵，ピクトグラムなどの視覚的にわかりやすいものを用いて説明する。 • 抽象的な言葉ではなく，具体的な言葉を使う。たとえば，サービスを受ける際の「手続」や「申請」など生活上必要な言葉等の意味を具体的に説明して，当該利用者等が理解しているかを確認する。 • 言葉だけでは内容を十分に理解できないで混乱してしまう場合，身振り手振りやコミュニケーションボードなどを使用して内容を伝える。 • 契約時の要望など自分で説明することが難しいため，同行する介助者から話を聞いてほしいという要望があった場合，通常は

	個人情報に関わることなので本人から聞くことになっているものの，必要に応じて介助者から説明を聞くようにする。 ・意思疎通が不得意な障害者に対し，絵カード等を活用して意思を確認する。 ・２つ以上のことを同時に説明することを避け，ゆっくり，丁寧に，繰り返し説明し，内容が理解されたことを確認しながら対応する。 ・なじみのない外来語は避ける。 ・漢数字は用いない。 ・時刻は24時間表記ではなく午前・午後で表記する。 ・メモを書くときは，分かち書き（語と語の間に空白を置く書き方）を行うように努める。 ・知的発達の遅れにより学習内容の習得が困難な児童生徒等に対し，理解の程度に応じて，視覚的にわかりやすい教材を用意する。
精神障害	・細かく決まった時間や多人数の集団で行動することが難しいときには，時間やルールなどの柔軟な運用を行うようにする。 ・曖昧な情報や一度に複数の情報を伝えると対応できないときには，具体的な内容や優先順位を示すようにする。 ・情緒不安定になりそうなときには，別室などの落ち着ける場所で休めるようにする。別室の確保が難しい場合は，比較的周りからの視界が遮られるようなスペースに椅子を移動させる。
発達障害	・書籍やノートなどを用いた読み書きに困難があるときには，タブレットなどの補助具を用いることができるようにする。 ・スモールステップによる支援をする（手順を示す，モデルを見せる，体験練習をする，新しく挑戦する部分は少しずつにする）。 ・感覚過敏があるときには，それを和らげるための対処（たとえば聴覚過敏に耳栓やイヤーマフを使用）を行えるようにする。 ・作業手順や道具配置などにこだわりがあるときには，一定のものを決めておくようにする。 ・比喩表現等の理解が困難な障害者に対し，比喩や暗喩，二重否定表現などを用いずに具体的に説明する。 ・他人との接触，多人数の中にいることによる緊張等により，発作等がある場合，緊張を緩和するため，当該障害者に説明の上，障害の特性や施設の状況に応じて別室を準備する。 ・子供である障害者または知的障害，発達障害，言語障害等により言葉だけを聞いて理解することや意思疎通が困難な障害者に対し，絵や写真カード，コミュニケーションボード，タブレット端末等のICT機器の活用，視覚的に伝えるための情報の文字化，質問内容を「はい」または「いいえ」で端的に答えられるようにすることなどにより意思を確認したり，本人の自己選

	択・自己決定を支援したりする。 • 読み・書き等に困難のある児童生徒等のために，授業や試験でのタブレット端末等のICT機器使用を許可したり，筆記に代えて口頭試問による学習評価を行ったりする。 • 発達障害等のため，人前での発表が困難な児童生徒等に対し，代替措置としてレポートを課したり，発表を録画したもので学習評価を行ったりする。 • 学校生活全般において，適切な対人関係の形成に困難がある児童生徒等のために，能動的な学習活動などにおいてグループを編成する時には，事前に伝えたり，場合によっては本人の意向を確認したりする。 • こだわりのある児童生徒等のために，話し合いや発表などの場面において，意思を伝えることに時間を要する場合があることを考慮して，時間を十分に確保したり個別に対応したりする。 • 理工系の実験，地質調査のフィールドワークなどでグループワークができない学生等や，実験の手順や試薬を混同するなど作業が危険な学生等に対し，個別の実験時間や実習課題を設定したり，個別のティーチング・アシスタント等を付けたりする。
内部障害，難病等	• 症状に波があるので，症状に応じた柔軟な対応を行うようにする。 • 継続的な通院や服薬が必要なときには，休暇や休憩などについて配慮する。 • ペースメーカーや人工呼吸器などが必要なときには，それらの機器の使用について配慮する。 • 日常的に医療的ケアを要する児童生徒等に対し，本人が対応可能な場合もあることなどを含め，配慮を要する程度には個人差があることに留意して，医療機関や本人が日常的に支援を受けている介助者等と連携を図り，個々の状態や必要な支援を丁寧に確認し，過剰に活動の制限等をしないようにする。 • 慢性的な病気等のために他の児童生徒等と同じように運動ができない児童生徒等に対し，運動量を軽減したり，代替できる運動を用意したりするなど，病気等の特性を理解し，過度に予防または排除をすることなく，参加するための工夫をする。 • 治療等のため学習できない期間が生じる児童生徒等に対し，補講を行うなど，学習機会を確保する方法を工夫する。
重症心身障害	• 食事をする部屋がテーブル席だったため，寝かせる姿勢をとることができない場合に，和室タイプの部屋が空いていたため，そちらに変更する。 • 車椅子が幅をとるため，スーパーの会計時にレジに並ぶこともレジ横を通ることも難しい場合，会計の順番が来るまで店員が買物カゴを預かり，順番になったときに声をかけ，それまでは

	広い場所で待機してもらう。 • 商業施設の多目的トイレには成人用のおむつ交換用ベッドがないため，救護室のベッドを使用してもらう。 • プール施設の利用時に，着替え用のスペースがないため，着替える際のプライバシーが確保できるよう人目につかず着替えられるスペースへ案内したり，周囲をつい立てで囲ったスペースを用意する。

※　身体介護に当たる行為の申出があった場合でも，それを事務・事業の一環として行っている場合を除き，それを断ることは合理的配慮の不提供には該当しません[7]。

※　他の障害種別向けの配慮を求める旨の申出があった場合（聴覚に障害がないにもかかわらず筆談を求めたり，体温調整機能に障害のない障害者が室温変更を求めたりする場合など）に，それを断っても合理的配慮の不提供には該当しません。

※　暴言や器物破損などの不適切な言動について，障害によるストレスや情緒不安定などが影響している場合，その影響を考慮することが望ましいものの，過度なものを許容しなくても合理的配慮の不提供には該当しません。

※　便宜的に障害の種類別に具体例を記載しましたが，当然，ある具体例が他の障害にも当てはまることもあります。

※　「盲ろう」とは，視覚と聴覚の重複障害の人のことをいいます。障害の状態や程度によって様々なタイプに分けられ，①全く見えず聞こえない状態は「全盲ろう」，②見えにくく聞えない状態は「弱視ろう」，③全く見えず聞こえにくい状態は「盲難聴」，④見えにくく聴こえにくい状態は「弱視難聴」と呼ばれます。

※　内閣府の合理的配慮サーチや各省庁の対応指針，地方公共団体の公表している資料に記載はありませんが，民間の事業者の株主総会において，聴覚障害者である株主に対して，手話通訳者の同伴を認めたり，会社側で手話通訳を用意したりすることが考えられます。また，肢体不自由な株主に対して，介助者の同伴を認めることも考えられます。もっとも，多くの株主の参加が見込まれる事業者であれば，総会事務運営の円滑化の観点から，事前にまたは当日の会場受付において申出をするようあらかじめ株主総会の招集通知に記載しておくことが望ましいでしょう。

なお，合理的配慮の提供は，「環境の整備」（法５条）と混同されることがあります。違いについては後述していますので，第６章「環境の整備」をご覧ください。

7　内閣府障害者施策担当作成による2023年（令和５年）４月付け「障害者差別解消法【合理的配慮の提供等事例集】」（https://www8.cao.go.jp/shougai/suishin/jirei/pdf/gouriteki_jirei.pdf）

コラム

電話リレーサービス

電話は，遠くにいる人とすぐに意思疎通を行うことを可能とする手段であり，日常生活に欠かせないものですが，もっぱら音声により意思疎通を図るものですので，聴覚や発話に障害がある人には利用が困難でした。そこで，そのような人にも電話を円滑に使えるように，手話通訳者などがオペレーターとして，聴覚障害者等と耳の聞こえる相手方との間に入って意思疎通を仲介する「電話リレーサービス」が公共インフラとして制度化されました。

2020年（令和２年）６月に「聴覚障害者等による電話の利用の円滑化に関する法律」が制定され，同年12月１日に施行，2021年（令和３年）７月１日からサービスが開始されています。

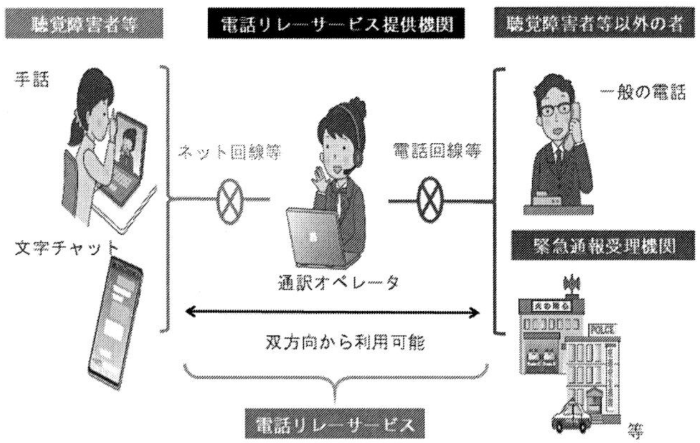

（出所）　総務省『聴覚障害者等の電話利用の円滑化　電話リレーサービス』（https://www.soumu.go.jp/menu_seisaku/ictseisaku/telephonerelay/index.html）より抜粋

非常に有益なサービスである一方で，まだ広く一般に認識されているとは言えない状況であり，電話を受ける側が電話リレーサービスと聞いて怪しんで切ってしまうといったこともあります。総務省，経済産業省，金融庁，電話リレーサービス提供機関などが法律に基づいた公共のサービスであることを周知広報しているところですが，より一層の周知・理解の促進が期待されます。

5　意思の表明

障害者差別解消法は,「障害者から現に社会的障壁の除去を必要としている旨の意思の表明があった場合」に合理的配慮をしなければならないと規定しています。つまり，障害者からの意思の表明があることが前提となっているのです。

これは，合理的配慮が，社会的障壁の除去を必要としている障害者が現に存在する場合における個別の対応として求められるものであり，配慮を求められる相手方からみて，その人が障害者なのか，配慮を必要としているかなどがわからない場合にまで配慮を義務づけることが困難であるからです[8]。

意思の表明の方法については法律上特に定めはありませんが，障害者の障害に応じて，様々な方法が想定されます。たとえば，発話が可能な障害者であれば口頭による意思の表明が真っ先に考えられますが，発話が難しい障害者の場合には，紙に書いたり，スマートフォンやタブレットに文字を打ち込んだりして意思の表明をすることがあり得ますし，身振り手振りや，実物を示すことによって意思の表明を行うことも考えられます。

また，後述のように，意思の表明はプライバシーの問題もあるため，障害のあることが周囲にわからないタイプの障害を持つ場合には，たとえ発話ができる場合であっても，周囲に聞かれることを避けるために口頭以外での意思の表明をするということも考えられます。いずれの方法によっても，それが障害者の意思を示したものであれば，本条の意思の表明に該当します。

また，立法担当者による解説によれば，障害者本人からの意思の表明のみならず，知的障害等により本人による意思の表明が難しい場合には，障害者を補

8　前掲注2）問10－12。障害者基本権利条約において，合理的配慮は「特定の場合において必要とされるもの」と定義され，個別具体的な場面で必要とされるものとの趣旨が表されており，これを踏まえた障害者基本法4条2項においても，社会的障壁の除去「を必要とする障害者が現に存し」と規定されています。

佐する者（障害者の家族や支援者など）が本人を補佐して行う意思の表明も，障害者からの意思の表明に含まれるとされています[9]。障害者本人が何も言わないから，行政機関等や民間の事業者は何も法的責任を負わないのではなく，その周囲にいる者が本人の意思を代弁していないか注意をする必要があります。

さらに進んで，内閣の策定する基本方針では，意思の表明が困難な障害者の場合，家族や支援者・介助者等を伴っておらず，意思の表明がない場合であっても，当該障害者が社会的障壁の除去を必要としていることが明白である場合には，法の趣旨に鑑みて，当該障害者に対して適切と思われる配慮を提案するために建設的な対話を働きかけるなど，自主的な取組みに努めることが望ましいとされています。

なお，合理的配慮の提供は意思の表明があることが前提となっていますが，それは，障害者が意思の表明において具体的な合理的配慮の内容を提示してきた場合にそれに従う必要があるということを意味するものではありません。つまり，障害者が合理的配慮を指定してきたとしても，意思の表明を受けた民間の事業者・行政機関等は必ずしもそれに縛られる必要はなく，意思の表示を踏まえて状況に応じた合理的配慮を提供すればよいということになります。

9　前掲注２）問10－13

コラム

意思の表明とプライバシー

障害者差別解消法上は，障害者からの意思の表明があった場合に，合理的配慮を提供する義務を負うことになっています。

しかしながら，不特定多数の人がいる場合や，逆に，知り合いが周囲にいる場合などは，本当は意思の表明をしたくてもプライバシーの観点から表明できないようなケースも多く存在するように思います。明らかに意思の表明が難しい状況においても，意思の表明がなければ，民間の事業者や行政機関等は合理的配慮を提供しなくても同法違反にはならないのでしょうか。

この点に関する議論は深掘りされておらず，結局は個別のケースによると思いますが，少なくとも不特定多数の障害者が意思の表明をすることがためらわれるような環境である場合には，たとえば第6章で説明する環境の整備の一環として，意思の表明をしたいときにできる環境を整える努力をする必要があるのではないでしょうか。

なお，意思の表明やそれに伴う会話等において留意すべき事項については後述していますので，本章7をご覧ください。

6　過重な負担

障害者差別解消法は，「……その実施に伴う負担が過重でないときは……必要かつ合理的な配慮をしなければならない」（7条2項，8条2項）と規定しているため，実施が過重な負担となる場合には合理的配慮の提供義務は免除されることになります。

過重な負担の該当性の判断要素については，同法は規定していませんが，基本方針には【図表5－4】の5つの要素が挙げられています。

【図表5－4】過重な負担の該当性の判断要素

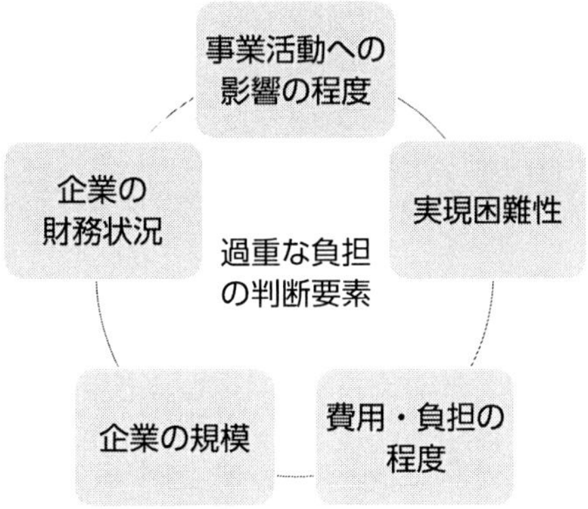

① 事業活動への影響の程度：事務や事業の目的・内容・機能を損なうことがないかという観点からの考慮要素です。
② 実現困難性：物理的・技術的に可能なのか，人的・体制的な制約はないか，という観点からの考慮要素です。
③ 費用・負担の程度：当該措置を講じることによってどの程度の費用・負担が生じるかという観点からの考慮要素です。
④ 企業の規模：どの程度の大きさの事業を行っているのかという観点からの考慮要素です。

⑤　企業の財務状況：それを行えるだけの財務状況であるかという観点からの考慮要素です。

これらの要素を考慮し，具体的な場面や状況に応じて，総合的かつ客観的に判断する必要があります（基本方針第2の3(2)）。

内閣府障害者施策担当作成の合理的配慮の提供等事例集では，合理的ではないもの，過重な負担となるものとして，以下のような例が挙げられています[10]。

- 膨大な分量の資料の全文読み上げを求められた。
- 筆談で十分対応できる簡潔なやりとりに手話通訳者の派遣を求められた。
- 必要性がないのに買物中は常に店員が同行することを求められた。
- 個人的な外出予定に沿うよう公共交通機関の時間変更を求められた。
- 否定されるとストレスで症状が悪化してしまうからと過度な要望であっても否定せずに実行することを求められた。

また，内閣の策定した基本方針では，過重な負担（人的・体制上の制約）の観点から合理的配慮の提供義務に反しないと考えられる場合として，以下の例が挙げられています。

- 小売店において，混雑時に視覚障害者から店員に対し，店内を付き添って買物の補助を求める配慮の申出があった場合に，混雑時のため付添いはできないが，店員が買物リストを書きとめて商品を準備することができる旨を提案する。

10　前掲注7と同じ。

7　対話の際に気をつけるべき言葉

障害者から意思の表明があった場合，表明を受けた行政機関等または事業者は，その内容が過重な負担とならないかを検討することになります。

その結果，合理的な配慮を提供しないという判断に至った場合，障害者に対してどのように対応すべきでしょうか。

この点，内閣が策定した基本方針では，障害者に丁寧にその理由を説明し，理解を得るよう努めることが望ましいとされており，その際には，障害者と行政機関等・事業者の双方が，お互いに相手の立場を尊重しながら，建設的対話を通じて相互理解を図り，代替措置の選択も含めた対応を柔軟に検討することが求められるとされています。

また，内閣府障害者施策担当作成の合理的配慮の提供等事例集では，以下のような表現は避けるべきとされています[11]。

✓　「先例がありません」

この表現が不適切なのは，障害者差別解消法により合理的配慮自体は義務であり，先例がないことは断る理由にならないからです。

✓　「特別扱いできません」

この表現が不適切なのは，特別扱いではなく，障害者差別解消法により障害者も障害者でない人も同じようにできる状況を整えることが求められているからです。

✓　「もし何かあったら」

どのようなリスクが生じ，そのリスク低減のためにどのような対応ができるのか，具体的に検討する必要があるため，漠然としたリスクの存在は理由となりません。

✓　「その障害種別ならば」

同じ障害種別でも程度などによって適切な配慮が異なるため一括りにせず検討

11　前掲注７と同じ。

する必要があるため（全盲か弱視か，ろうか難聴か，全身の障害か半身の障害かなど），画一的な取扱いを前提とするこのような表現は妥当ではありません。

さらに，あくまでもケースバイケースですが，同様の観点から，以下のような断定的・画一的な表現もできるだけ避けたほうがよいように思われます。

- ✓「ほかの障害者の方は」
- ✓「これぐらいは」
- ✓「一般的には」
- ✓「当社では一律に」
- ✓「マニュアルに書いていないので／書いてあるので」

もっとも，これらの表現を使ったことだけを理由に事業者側が責められるべきでもありません。結局は対話を通じていかに合理的な説明ができるかという点が重要となってきます。

結果として，過重な負担を理由に断る際には，以下の点を意識することが重要です。

- ➢ 対応できない理由と提案をセットで伝える
- ➢ 障害者から代替手段を提案された場合は検討する

コラム

手帳の違い（身体障害者手帳／療育手帳／精神障害者保健福祉手帳）

一般的に，障害者手帳とは，①身体障害者手帳，②療育手帳，③精神障害者保健福祉手帳という３種類の手帳をいいます。

- 身体障害者➡身体障害者手帳
- 知的障害者➡療育手帳
- 精神障害者➡精神障害者保健福祉手帳

制度の根拠や対象となる障害は異なりますが，いずれの手帳を持っていても，障害者総合支援法の対象となり，様々な支援を受けることができます。障害者手帳の色・形・レイアウトなどは，各自治体ごとに異なります。また，最近では障害者手帳アプリもあり，スマートフォンに入れておくことで，障害者手帳の表示，施設のバリアフリー情報の確認，割引クーポンの取得などが簡単にでき，参加企業も増えている状況にあります。

	身体障害者手帳	療育手帳	精神障害者保健福祉手帳
根拠	身体障害者福祉法 (昭和24年法律283号)	療育手帳制度について (昭和48年厚生事務次官通知) ※　通知に基づき，各自治体において要綱を定めて運用。	精神保健及び精神障害者福祉に関する法律 (昭和25年法律123号)
交付主体	・都道府県知事 ・指定都市の市長 ・中核市の市長	・都道府県知事 ・指定都市の市長 ・児童相談所を設置する中核市の市長	・都道府県知事 ・指定都市の市長

障害分類	・視覚障害 ・聴覚・平衡機能障害 ・音声・言語・そしゃく障害 ・肢体不自由（上肢不自由，下肢不自由，体幹機能障害，脳原性運動機能障害） ・心臓機能障害 ・じん臓機能障害 ・呼吸器機能障害 ・ぼうこう・直腸機能障害 ・小腸機能障害 ・HIV免疫機能障害 ・肝臓機能障害	知的障害	・統合失調症 ・気分（感情）障害 ・非定型精神病 ・てんかん ・中毒精神病 ・器質性精神障害（高次脳機能障害を含む） ・発達障害 ・その他の精神疾患
所持者数	4,910,098人 （令和３年度福祉行政報告例）	1,213,063人 （令和３年度福祉行政報告例）	1,263,460人 （令和３年度衛生行政報告例）

（出所）　厚生労働省「障害者手帳について」（https://www.mhlw.go.jp/stf/seisakunitsuite/bunya/hukushi_kaigo/shougaishahukushi/techou.html）に基づいて筆者一部修正

8　合理的配慮の提供義務違反に該当すると考えられる例

前述のとおり，民間の事業者や行政機関等が合理的配慮の提供義務を負う場合の要件がありますが，内閣の策定した基本方針では，合理的配慮の提供義務違反に該当すると考えられるものとして，以下の例が挙げられています。あくまでもケースバイケースではありますが，参考になります。

- 試験を受ける際に筆記が困難なためデジタル機器の使用を求める申出があった場合に，デジタル機器の持込みを認めた前例がないことを理由に，必要な調整を行うことなく一律に対応を断ること
- イベント会場内の移動に際して支援を求める申出があった場合に，「何かあったら困る」という抽象的な理由で具体的な支援の可能性を検討せず，支援を断ること
- 電話利用が困難な障害者から電話以外の手段により各種手続が行えるよう対応を求められた場合に，自社マニュアル上，当該手続は利用者本人による電話のみで手続可能とすることとされていることを理由として，メールや電話リレーサービスを介した電話等の代替措置を検討せずに対応を断ること
- 自由席での開催を予定しているセミナーにおいて，弱視の障害者からスクリーンや板書等がよく見える席でのセミナー受講を希望する申出があった場合に，事前の座席確保などの対応を検討せずに「特別扱いはできない」という理由で対応を断ること

9　行政措置による実効性の確保

不当な差別的取扱いの禁止の場合と同様，実効性確保のため，主務大臣は，民間の事業者による合理的配慮の提供について，特に必要があると認める場合には，当該事業者に対して，報告を求め，または助言・指導・勧告を行うことができます（法12条）[12 13]。

実効性確保の手段として，他の法令等で定められることが多い改善命令や公表などの行政処分までは定められていない点も，不当な差別的取扱いの禁止の場合と同様です。

民間の事業者が，主務大臣から求められた報告をしない場合および虚偽の報告をした場合には，20万円以下の過料に処せられます（法26条）。

【図表5－5】違反の場合

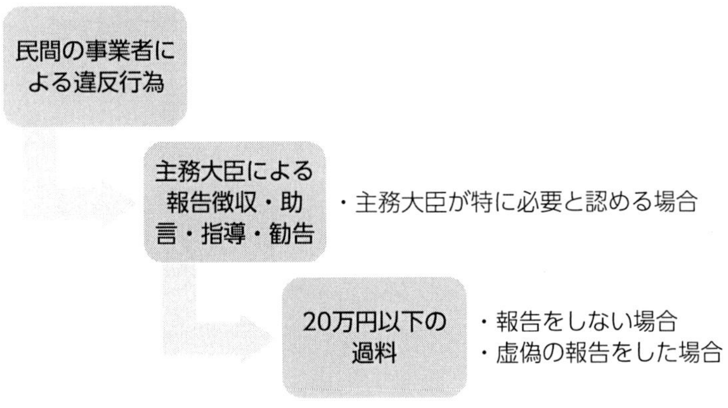

12　一方，環境の整備（法5条）は主務大臣による行政措置（法12条）の対象にはなりません（後述第6章参照）。

13　行政機関等については，同様の規定は設けられていません（後述第13章参照）。

第6章

環境の整備

1　概　要

（社会的障壁の除去の実施についての必要かつ合理的な配慮に関する環境の整備）
第5条
行政機関等及び事業者は，社会的障壁の除去の実施についての必要かつ合理的な配慮を的確に行うため，自ら設置する施設の構造の改善及び設備の整備，関係職員に対する研修その他の必要な環境の整備に努めなければならない。

法5条は，行政機関および事業者に対して，個別の場面において，個々の障害者に対して的確な合理的配慮を行うために，環境の整備を行う努力義務を課しています。これは，バリアフリー法[1]に基づく公共交通施設や建築物などのハード面のバリアフリー化，障害者による円滑な情報の取得・利用・発信のための情報アクセシビリティの向上など，不特定の障害者を対象に行われる「事前的改善措置」について規定したものです。このような措置は，前述の合理的配慮の提供の実施に向けた環境の整備として位置づけられるものであり，差別の解消に向けた取組みとして計画的に推進されることが望ましいため，行政機関等や民間の事業者において，その実施に努めるよう規定されています（努力

1　正式名称は「高齢者，障害者等の移動等の円滑化の促進に関する法律」です。

義務)[2]。

環境の整備の具体例としては，建物の出入口にスロープがない場合に，障害者が出入りしやすいように改修工事をしてスロープを設置するようなことが挙げられます。

合理的配慮が個々の場面で個々の障害者に行われるものであるのに対して，環境の整備は不特定多数の障害者を主な対象として行われる事前的改善措置という違いがあります。環境の整備の状況によって，個々の合理的配慮の提供の内容が異なることになります。

2　内閣府障害者施策担当作成による平成25年６月付け「障害を理由とする差別の解消の推進に関する法律Q&A集」問11－１

2　環境の整備と，不当な差別的取扱い・合理的配慮の提供との区別

「不当な差別的取扱い」と「合理的配慮の提供」と「環境の整備」の違いは，以下のとおりです。

事案1：車椅子の使用者が施設を利用したいものの，施設の出入口には段差があり，１人では出入りすることができない場合

- 不当な差別的取扱い：正当な理由なく障害者の施設利用を拒否する。
- 合理的配慮の提供：①施設側の人間（公共施設であれば施設職員，民間の店舗であれば店舗従業員など）が段差を乗り越える手伝いをする。②施設側の人間が段差に携帯スロープを架ける。
- 環境の整備：①携帯スロープを購入する。②出入口の段差を解消するために改修し，バリアフリー化する。

事案2：視覚障害があるため，申込書類に自分で記入することができない場合

- 不当な差別的取扱い：正当な理由なく障害者の申込みを拒否する。
- 合理的配慮の提供：本人の意向を聞きながら従業員や職員が代筆する。
- 環境の整備：申込手続における適切な代筆の仕方について従業員・職員の研修を行う。

事案3：オンラインでの申込手続が必要な場合に，手続を行うためのウェブサイトが障害者にとって利用しづらいものとなっており，手続に際しての支援を求める申出があった場合

- 不当な差別的取扱い：正当な理由なく障害者の申出を拒否する。
- 合理的配慮の提供：求めに応じて電話や電子メールでの対応を行う。
- 環境の整備：以後，障害者がオンライン申込みの際に不便を感じることのないよう，ウェブサイトの改良を行う。

環境の整備の具体例としては，**【図表6－1】**のとおりです[3]。

【図表6－1】環境の整備の具体例

	環境の整備の具体例
視覚障害	• 案内板には点字シールを貼付し，立体的な触知案内図で表示する。 • 施設の玄関ホールに案内がなく，どちらへ進めばよいかわからない場合，玄関ホール内に出入口付近から通路方向へ誘導する点字ブロックを設置する。 • 弱視のために階段の上り下りで段差を見誤ってしまう場合，階段の縁に目立つ色の滑り止めを設置し，弱視でも段差を認識しやすいようにする。 • 資料を紙媒体で読むことができない場合，点字テキスト化して提供する体制を整える。 • モニターで自分で入力する受付方法であったが，視覚障害者も利用できるよう，新たにハンドセット付きの受付機器を導入する。

3　https://www8.cao.go.jp/shougai/suishin/jirei/pdf/gouriteki_jirei.pdf
https://shougaisha-sabetukaishou.go.jp/kankyonoseibi/titekisyogai/
https://shougaisha-sabetukaishou.go.jp/kankyonoseibi/seisinsyogai/
https://shougaisha-sabetukaishou.go.jp/kankyonoseibi/hattatusyogai/
https://shougaisha-sabetukaishou.go.jp/kankyonoseibi/naibusyogai/
https://shougaisha-sabetukaishou.go.jp/kankyonoseibi/zyudosinsinsyogai/

	・カードなどの前・後・表・裏がわかりづらい場合に，手触りで方向を識別できるようデザインに凹凸を追加する。 ・飲食店で印字されたメニューのみを用意しており，これまでは店員がメニューを読み上げていたが，忙しい場合は難しいため，点字のメニューも用意する。 ・補助犬を連れて入店しようとした視覚障害者に対して，店員がペット不可を理由に入店を拒否した場合，補助犬とペットの違いを理解するよう店員の研修に補助犬に関する事項を追加し，再発防止を図る。 ・契約書類などにおいて，同行者による代筆や，同行者不在の場合の店員による代筆の希望があるが，重要な書類のため代筆は躊躇するという店員の声があることから，代行者が代筆する場合と店員が代筆する場合のそれぞれについて，どのように対応するかのマニュアルを作成し，研修を実施する。 ・パンフレットを，ユニバーサルデザインフォントを使用したものにする。 ・点字ブロックのすぐ近くまで商品が置かれていて，商品とぶつかってしまうことが多いため，点字ブロックと商品の間に十分に間が空くようにしたり，陳列位置に柵を設置したりするなど，店舗レイアウトを変更する。 ・商店街の通路が煩雑としているため，視覚障害者団体と一緒に商店街を回り，通路沿いにあるイートインスペースや鉢植えのレイアウトを見直すなど，意見を反映する。 ・ホームページに視覚的な演出が増えたことから，視覚障害者に見づらくなったため，視覚障害者の意見を聞きながらホームページを再リニューアルする。
聴覚障害・言語障害	・受付窓口に手話通訳者を常駐させてほしいという要望があった場合に，予算の都合上常駐が難しかったため，定期的に手話通訳者が受付窓口に派遣される仕組みを設けるとともに，派遣される日を広報する。 ・受付の順番が呼ばれても気づかないため，順番になると振動して知らせるポータブル機器を導入する。 ・難聴のため聞こえにくいものの，筆談をするほどでもない人のため，受付窓口に指向性の対話支援機器を備え，店員の声を聞き取りやすいようにする。 ・現在は筆談をしているものの，より簡単に意思疎通できるように，タブレットを導入し，店員が話した内容が文章に自動変換されるアプリを導入する。 ・電話受付のみだったサービスについて，FAXや電子メールによる受付のオペレーターも配置することとする。 ・劇場で演劇等を鑑賞するときに，聴覚障害のない人と同じよう

	に楽しめるよう，ポータブル字幕機器を導入し，希望者への貸出をする[4]。
盲ろう（視覚と聴覚の両方に障害）	• 問い合わせについてホームページからメールフォームに入力する方法に限定せず，電子メールでも受け付けるように変更する。
肢体不自由	• 建物の玄関に設置されているスロープの傾斜が急すぎるため，改修し，より緩やかな傾斜に変更する。 • 多目的トイレの手すりが横向きのものだけなので，縦・横両方の機能を備えたＬ字型の手すりに改修する。 • 建物の建設・改築予定がある場合，設計段階から障害当事者や関係団体の意見を取り入れ，ユニバーサルデザインを採用する。 • 店舗の入口が乗り越えられない段差になっており，車椅子で店舗に入店できない場合に，スロープ設置工事や携帯スロープ購入はすぐに実施できないため，当面の間頑丈な木の板で対応する。 • 出入口が片開き式のドアになっている店舗は１人で開閉することが難しいため，店舗の出入口をスライド式のドアに改修する。 • スロープがタイル貼りで，雨が降って濡れると滑りやすいため，滑りにくい素材を用いたスロープに改修する。 • 車椅子に座ったままで申込手続などを行うことができるよう，受付窓口の１つをローカウンターに改修する。 • 飲食店のカウンター席が固定椅子であるため，車椅子のままでは着席できない場合，席の一部を可動椅子に改修する。 • トイレや浴室をバリアフリー化する。
知的障害	• 時間制のプレイランドやカラオケボックスなどの店舗内において，時計が読めない人のために（多数または複数回利用すること等が見込まれる場合），デジタルタイマーを購入し設置する。 • 災害時に備えた避難場所の案内等を行う場合，予定外のこと等で不安になったり，パニックになったりすることがある人でも災害時に安心して避難することができるよう，避難場所や避難する際の注意などをわかりやすく伝えるための視覚的な手掛かりを用意する。
精神障害	• 銀行や携帯電話ショップなどの窓口において，窓口担当者との意思疎通を図ることが難しく感じる精神障害のある人が来店することに対応するため（多数または複数回利用すること等が見込まれる場合），窓口対応を行うスタッフに対して，精神障害があり，窓口担当者との意思疎通を図ることを難しく感じている人がいる場合には，説明の際にわかりやすい表現を使い，本

4　劇場に磁気ループを設置し，補聴器や人工内耳へ音声を送れるようにする例もあります。

	人が理解しているかを確認するなどの対応方法についてあらかじめ周知する。 • 体調が不安定でセミナーへの出席に不安がある精神障害のある人がいることに対して（多数または複数回利用すること等が見込まれる場合），障害のある参加者の参加時の支援内容に関して参加者に案内を行うとともに，講師等の関係者に対して支援内容をまとめた資料を作成して配布する。
発達障害	• 講演会等で，大きな音に敏感な発達障害のある参加者がいることに対して（多数または複数回利用すること等が見込まれる場合），椅子の引きずる音を減少させるため，すべての机と椅子の脚に防音加工を施す。 • ホワイトボードの横などに掲示スペースがあると，視界に入る掲示物が気になってセミナーに集中できない発達障害のある参加者がいることに対して（多数または複数回利用すること等が見込まれる場合），掲示スペースを会場の後ろ側へ移設する。
内部障害，難病に起因する障害	• 人工肛門を装着されている方（オストメイト）が施設内のトイレを利用しやすくなっていないため，多目的トイレにオストメイト設備を設置する。 • 店舗入口に側溝があり，車椅子で入ることが難しいため，側溝部分にグレーチング（溝蓋）を整備する。
重症心身障害	• 現在設置しているエレベーターの規格が小さく，重症心身障害児者の車椅子（ストレッチャータイプ）では利用できないことが見込まれる場合に（多数または複数回利用すること等が見込まれる場合），ストレッチャータイプの車椅子でも利用できるエレベーターを設置する。 • 理髪店の調髪椅子が固定式となっていて，車椅子から移動しないと利用できない場合（多数または複数回利用すること等が見込まれる場合），車椅子に座ったままでも散髪できるよう，調髪椅子の１つを可動式にする。

上記の具体例からもわかるとおり，環境の整備は設備の設置や改修などのハード面のみならず，職員や従業員に対する研修などのソフト面の対応も含まれます。

3　行政措置の対象外

環境の整備は，不当な差別的取扱いの禁止や合理的配慮の提供の義務と異なり，行政機関等のみならず民間の事業者についても，主務大臣による行政措置（報告，助言，指導または勧告）の対象とはされていません[5]。一般的な責務であることが理由とされています。

5　法12条は「主務大臣は，第８条の規定の施行に関し，特に必要があると認めるときは，対応指針に定める事項について，当該事業者に対し，報告を求め，又は助言，指導若しくは勧告をすることができる。」と規定されており，第５条は対象外となっています。

第7章

実務対応

1　民間の事業者における対応

(1) 総　論

これまで見てきたとおり，障害者差別解消法は民間事業者に一定の義務を課していますが，民間の事業者として，これらの義務をどのように果たしていけばよいのでしょうか。

たとえば合理的配慮についていえば，事業者の従業員が障害者から意思の表明を受けたとき，前述のとおり合理的配慮は個別具体的なものであり，その場その場に応じた柔軟な対応が求められることになりますが，そもそも合理的配慮の提供義務を知らなければ，障害者の意思をスルーしてしまうかもしれませんし，仮に合理的配慮の提供という知識があったとしても，過重な負担という概念まではわかっておらず，ただ言われるがままの対応をしてしまうかもしれません。さらには，過重な負担という概念を知っていたとしても，適切な検討をすることができず，軽々に過重であると判断して合理的配慮の提供を拒否してしまい，後日問題になるということも考えられます。

そのような事態を防ぐためには，まずは，事業者内で，(i)情報収集・集約を行った上で，(ii)ポリシーなどの内部規程を作成・周知するとともに，(iii)事業者内における従業員の教育を実施し，(iv)その後も継続的にモニタリングをしてアップデートすることが重要となります。

【図表7－1】対応のサイクル

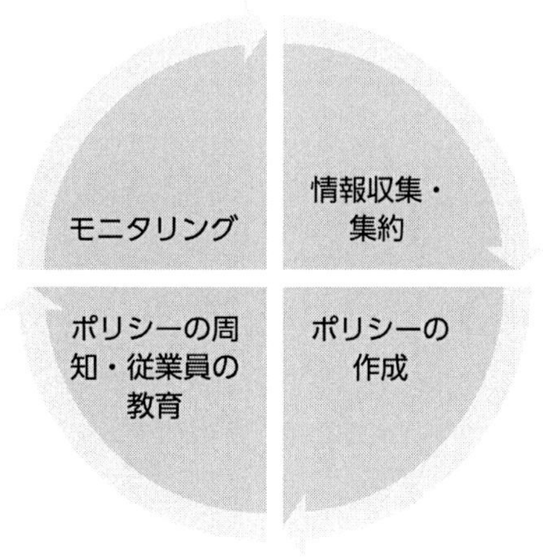

(2)　フローチャート

民間の事業者における1つのモデルとして，【図表7－2】には合理的配慮の提供を具体例にフローチャートの形で示してみました。

①　情報収集

それぞれの会社に応じたポリシーを作成するために，まずは会社内の従業員から情報を収集する必要があります。どのようなシチュエーションで障害者への対応が必要になったか，これまでどのような対応をしてきたか，困ったのはどのような場合か，などの情報を集めていきます。

特に障害者への対応を行うことが多い現場での声を吸い上げることが重要です。そのためには，どの現場・部署が障害者と接することが多いかを確認する

【図表７－２】フローチャート

情報収集	・①情報収集（＝現場の声を聞く） ・□障害者と接する現場の洗い出し ・□これまでどのような対応をしてきたか ・□困ったことはないか
集約	・②収集した情報をチームに集約 ・□チームの構成員は（法務部＋現場？人事部で障害者雇用に関与している者？）
分析①	・③類型分けをする ・□障害の種類によって分けられるか ・□障害者と接する現場によって分けられるか
分析②	・④類型ごとに対応方法を検討する ・□合理的配慮に関する各種事例を参考 ・□同業他社の取組みを参考 ・□問題の見える化
策定	・⑤ポリシーを作成する ・□障害者と接する現場の人にとってわかりやすいか
周知	・⑥周知徹底する ・□社内でポリシーの周知 ・□従業員等への教育・研修 ・□ポリシーの遵守で足りるわけではないことの周知
モニタリング	・⑦社内の状況をモニタリングする ・□ポリシーが徹底されているか・硬直化していないか ・□ポリシーの使い勝手はよいか ・□新たな問題が生じていないか

必要があります。会社の事業にもよりますが，たとえば小売業であれば，店舗，カスタマーセンター・苦情受付などの現場がこれに該当するでしょう。娯楽施

設の運営をしているのであれば，施設で利用者と接する係員や受付スタッフ，販売員などへの聞き取りが大切です。顧客へ提供するサービスの一部を外部に委託している場合には，委託先の関係者へのヒアリングも役に立ちます。障害福祉サービス事業所等であれば，ほぼすべての従業員がこれに該当するかもしれません。

また，社内の障害を持つ従業員の声を聞くことも参考になるでしょう。障害を持つ従業員は，会社の事業を理解しているため，事業を行う上で障害者への対応が問題となる場面をよく把握している可能性が高いですし，そのような方の「自分が客だったら……」「このサービスの提供を受けるとしたら……」といった指摘は具体性があり，新たな気づきを得られることが多いからです。会社に届いていない外部の障害者の声を代弁してくれるかもしれません[1]。

情報収集の方法は，直接のヒアリングが最も効果的ではありますが，対象者が多い場合や対象者の負担を軽減するために一部をアンケート調査のような形で実施することが考えられます。

情報を収集する主体も会社ごとに異なるでしょう。障害者差別解消法に関するものですので，会社の法務部（会社に法務部がない場合は，法務関係を取り扱っている部署）の関与は必須と思いますが，たとえば人事部で障害者雇用の実務に従事している従業員の関与があれば，その会社の障害者関連の事柄について統一的な対応が可能となるというメリットがあります。

②　情報の集約

収集した情報は，ポリシーの作成を行うチームに集約する必要があります。先ほどの情報収集の主体と同じであることが多いと思いますが，チームの構成員としては，法務部員の他に，障害者雇用の実務に従事している人事部員，障害者と接することの多い現場・部署の従業員などが考えられます。人数が多く

1　たとえばカスタマーセンターや苦情受付が電話のみに限定されている場合には，聴覚障害者は会社に対して発言することを諦めてしまいがちであり，そのような顕在化していない声をどのように吸い上げるかという観点は重要です。

なるようであれば，コアメンバーは少数にとどめつつ，その他はオブザーバー等として関与してもらうことで，当事者意識をもって参加してもらうのがよいと思われます。

また，チームの構成員にする必要はありませんが，場合によっては予算も必要になるでしょうから，経営陣や財務経理部への相談・根回し等も必要となるでしょう。

なお，①情報収集や②情報の集約の過程で，既存の社内ルールやマニュアル，施設や設備，仕組み等が，障害者にとって障害となっていることが判明した場合には，それらの見直しの検討が必要になるでしょう。

③　分析１：類型分け

収集した情報をもとに，実態を把握し，類型分けを行っていきます。類型分けとしては，①視覚障害，②聴覚障害，③肢体不自由，④知的障害，⑤精神障害，⑥発達障害，⑦内部障害・難病，⑧重症心身障害といった障害種別に分ける方法が考えられます。また，障害者との関係が問題となり得る現場別に分ける方法もあり得るでしょう。さらには，これらを組み合わせてマトリックスを作成し，整理するという方法も考えられます。

類型別にすることで，個々の障害，それぞれの現場において問題となる点が明らかになる一方で，類型を細かく分けすぎると，必ずしも類型に当てはまらないものも出てきて（特に障害については必ずしもいずれか１つに落とし込めるものではなく重複することが多いため），問題点を見落とす可能性があり，注意が必要です。

④　分析２：類型ごとの対応方法

類型分けをした後は，類型ごとに，これまで行われてきた対応を確認し，その対応の妥当性を検討します。仮に不適切だったという判断に至った場合や，不適切ではないもののよりよい方法があるはずだという判断に至った場合には，適切な対応が何かを検討します。その際には，各官公庁の公表する対応指針，合理的配慮の具体例，さらには，同業他社の取組みや関係団体の意見等も参考にします。

また，検討の際には，ベストプラクティスは何かを検討するとともに，ミニマムスタンダードは何かも検討したほうがよいでしょう。最低限このレベルは厳守すべきというラインを決めておくことで，実際にポリシーを使用する従業員等の意識が大幅に変わってくるからです。また，ほぼ一律的な対応を決めることが可能な場合には，原則的な対応を検討し，例外的にこのように対応する，といった形で定めることもあり得ると思います。

このような対応策の検討にあたっては，もちろん「過重な負担」ではないかという観点も重要です。

⑤　ポリシーの作成

類型分けや類型ごとの対応方法の検討が終わると，社内におけるポリシーの作成作業に入ります。すでに社内に何らかのポリシーやマニュアルがある場合は，それと体裁を合わせてもよいですが，今回のポリシーは，普段特に問題の生じていない場合に読むだけでなく，障害者と接する現場の従業員等が困ったときにすぐに見ることを想定して作成すべきですので，わかりやすい表現や体裁を心掛けるべきです。障害福祉関係の本や冊子はどうしても専門用語が多くなる傾向にあるため，それらに馴染みのない人にもわかりやすくするために，絵や写真を盛り込み，視覚的にも理解しやすいものにすることが望ましいでしょう。平時に見てもらうための動画を入れ込むことも考えられます。

ポリシーにおいて合理的配慮の参考例を記載する場合には，前述のとおり，ミニマムスタンダードを記載することは重要ではありますが，それが一番よい方法ではなく，状況に応じてよりよい方法があり得ることも明確にしたほうがよいでしょう。原則・例外という形で記載する場合には，原則的な方法が望ましいものの，状況に応じてそれに固執する必要はないことを記載したほうがよいと思います。

意思の表明について記載する場合は，その表明手段は限定されていないことから，発話だけでなく，紙，スマートフォン，タブレットなど様々な道具・器具を使って意思の表明が行われる可能性があることを忘れず，見落としがないようにする必要があるということや，意思の表明は障害者本人のみならず，本人を補佐する者（障害者の家族や支援者など）が本人を補佐して行う意思の表明も含まれるため，一見本人が何も言っていないように見えたとしても，随伴している家族や介護者が何らかの意思の表明をした場合には，その意思の表明が本人を代弁したものでないかを検討する必要があるということまで明確に記載したほうがよいでしょう。

また，意思の表明において，障害者から具体的な配慮の方法が示された場合に，当然その内容は重視しつつも，その内容に縛られる必要はないことを明確にしておいてもよいでしょう。その場面で解決すべき事柄を正確に把握し，それにたどり着く別のよい方法があれば，それを提示・実行することも十分あり得ることを記載しておくことも考えられます。

さらに，第５章５記載のとおり，内閣の策定した基本方針では，意思の表明が困難な障害者の場合，家族や支援者・介助者等を伴っておらず，意思の表明がない場合であっても，当該障害者が社会的障壁の除去を必要としていることが明白である場合には，法の趣旨に鑑みて，当該障害者に対して適切と思われる配慮を提案するために建設的な対話を働きかけるなど，自主的な取組みに努めることが望ましいとされています。したがって，ポリシーでは，意思の表明をしていなくても明らかに困っている人に対して，どのように接するかといった点についても言及しておくことが望ましいと考えます。

⑥　周知徹底・従業員への教育・研修

ポリシーを作成した後は，従業員等がそのポリシーに沿った対応をするよう，社内に周知する必要があります。社内への周知方法について特に決まりはありません。会社の他の内部規程等とともに社内のイントラに載せる，紙媒体で保管する，メールで配布するといった方法があり得ますが，少なくとも障害者と接する現場の従業員等に対しては，メールで送付したり，プリントアウトしたポリシーを渡したりするなど，従業員等があえて見に行かなくても目に入るような形で交付することが望ましいでしょう。

また，ポリシーを社内に周知徹底することで，情報収集の段階でヒアリング等の対象とならなかったものの障害者対応の経験がある従業員等が，会社の取組みに気づき，新たな情報提供につながるということもあります。

さらに，従業員等にポリシーを交付・アナウンスしただけでは，従業員はポリシーを見るとは限りませんし，その内容を十分に理解するとも限りません。そこで，内容を十分に理解し，適切な対応をすることができるよう，日頃から研修等を通じて従業員への教育をすることが大切です。

研修等は，日頃から障害者と接する機会の多い従業員に対して優先的に実施し，可能な限り全員が受講することが望ましいです。中途採用の従業員や，契約社員・アルバイト・パートなど雇用形態を問わず，広く従業員が受講できるよう，研修等のタイミングにも気をつける必要があります。

また，従業員の階層に応じた研修等にすることも考えられます。特に経営層においては，差別解消の推進の意義や，コンプライアンスの観点からの重要性などを十分に理解してもらう必要があり，意識改革や積極的な取組みを促す場となることが期待されます。

研修等の内容としては，たとえば，以下のものが考えられます。

□障害者対応についての会社の理念・ビジョン・メッセージ
□ポリシーの説明
　□ポリシーの場所（書架や社内イントラの場所など）
　□ポリシーの作成の経緯（障害者差別解消法への言及など）
　□ポリシーの内容の説明
□合理的配慮の提供等における判断基準・参考事例の紹介
□問題が生じた場合の報告方法・報告先の確認
□ロールプレイ

⑦　モニタリング

ポリシーを作成した後は，それで終わりではなく，実際にポリシーに反しない対応が継続的に行われているかを確認する必要があります[2]。また，ポリシーが使いやすいかについても確認すべきでしょう。定期的な現場のヒアリングや責任者による報告が行われる体制の構築が望ましいところです。

また，ポリシーの内容についても継続的に改善を図るために，社内だけでなく，障害者側からの声も収集する必要があります。そこで，情報提供・相談・苦情受付等の手段は，非対面の手段を含めて複数用意しておき，障害者が利用しやすい手段を選択できるようにしておくことも大切です。

このようなモニタリングを行う中で，新たな問題が生じていればそれに対応し，適宜ポリシーの見直し・アップデートをしていくというプロセスを経ることになります。

2　たとえば全くポリシーに定めた対応を行わない従業員がいる場合には，そのポリシーの規定ぶりにもよりますが，ポリシー違反が就業規則上の懲戒事由と紐づいていれば，懲戒処分を行うという選択肢も考えられます。

コラム

ポリシー？　マニュアル？ ガイドライン？

本書ではこのような内部の対応指針となるものを「ポリシー」と表現しました。マニュアル，ガイドライン，ルール，方針，指針など，表現は何でもよいのですが，マニュアルやルールという表現を使用すると，それだけを守ればよい，マニュアル人間といった否定的なニュアンスが出てしまうおそれがあり，また，ガイドライン・方針・指針といった表現は，政府の基本方針や各省庁等の対応指針・対応要領などと混同してしまうことを懸念して，本書ではあえてポリシーという表現を使用しています。

なお，実際には「障がい者への対応について」や「障害を理由とする差別の解消の推進に関する取組み」といったように，上記のポリシーやマニュアルといった表現を一切使わないタイトルにすることも多いと思います。

2　障害者への対応

障害者への対応については，介護の現場での障害者への接し方が参考になると思います。そこで，本書のテーマである障害者差別解消法と直接は関係ありませんが，実際に障害者に関わる介護の現場で勧められているコミュニケーション方法についてご紹介します。第５章７に記載した対話の際に気をつける言葉等に加えて，合理的配慮の提供をする際などに参考にしてください。

(1)　聴覚・言語障害者とのコミュニケーション

聴覚・言語障害は外からわかりにくいという特徴があります。手話を獲得している人もいれば，急な障害により獲得する機会のないまま生活をしている人もいます。顔や口元を見て話をすることが重要ですが，聴こえる程度が人によって異なること，コミュニケーション手段が必ずしも手話ではないこと，視覚を活用したコミュニケーション方法が比較的有効であることなどを知っていると有益です。また，難聴者に対しては，できるだけ正面から話しかけること，口の動きを大きくすること，同時に複数人で話しかけないこと，できるだけ周囲を静かな環境にすることなどが円滑なコミュニケーションに役立ちます。

(2)　視覚障害者とのコミュニケーション

周囲の状況が把握できていない可能性があるため，なるべく状況を簡単な言葉で説明することが大切です。また，視覚以外の感覚（たとえば触覚や聴覚）を利用して情報を捉えることができるような工夫が有益です。

会話の途中でその人以外の第三者と話をすると，引き続き自分が話しかけられていると誤解することがあるため，なるべく名前で呼んだり，会話が終了したタイミングがわかるように，場を離れる際にひと言かけたりといった工夫も有益です。

(3)　知的障害のある人とのコミュニケーション

知的障害の程度，性格，成育環境によって適切なコミュニケーション方法が異なりますが，曖昧な表現はせずに，簡単な言葉でゆっくり話すこと，文章を短くすること，ジェスチャーや写真・絵カードなどを活用すること，抽象的ではなく具体的な質問をすること，などが円滑なコミュニケーションに役立つと言われています。

(4)　精神障害のある人とのコミュニケーション

視線と視線を合わせることはコミュニケーションの基本ではありますが，精神障害のある人は視線を合わせることに圧迫感を感じることもあります。特に感情のコントロールが困難となっている場合には，あえて視線を外して落ち着くまでじっくり待つということも有益とされています。

3　その他

障害者対応に関する意識の高まりを踏まえて，障害者福祉関連の事業を行っている企業でなくても，たとえばその企業が対外的に公表するレポート等（統合報告書，ESGレポート，CSRレポート等）において障害者対応の取組みを記載することが考えられます。

また，企業が他の会社等を買収・投資する際，その対象となる会社等（以下「対象会社」といいます）がどのような会社であるかを把握するためのデュー・ディリジェンスが行われますが，対象会社の法律遵守状況の確認の一環として，障害者対応を確認することも考えられます。対象会社が障害福祉関連の事業を行っている法人であれば，当然，事業の観点からの詳細な確認・検討が必要となりますが，それ以外であっても，少なくとも人事労務の分野で障害者雇用率の遵守状況等を確認するのは一般的でしょう。それらに加え，障害者差別解消法の対応状況についてもデュー・ディリジェンスの対象とすることが考えられます。たとえば所管の官公庁が公表している対応指針に沿った対応をしているかといった点があります。適宜，対象会社へのインタビューをしながら，主務大臣からの助言・指導・勧告や報告の求めの有無・内容の確認，対象会社の規程類の確認，対象会社が受けたクレーム等や内部通報等の内容を確認することにより，遵守状況を確認していくことが考えられます。

第８章

国民の責務

国民には，障害を理由とする差別の解消の推進に寄与する責務があることが定められています（法４条）。

（国民の責務）
第４条
国民は，第１条に規定する社会を実現する上で障害を理由とする差別の解消が重要であることに鑑み，障害を理由とする差別の解消の推進に寄与するよう努めなければならない。

これは，障害者差別解消法の目的が，すべての国民が，障害の有無によって分け隔てられることなく，相互に人格と個性を尊重し合いながら共生する社会の実現にあることに鑑み，障害者を含めた国民全員が障害を理由とする差別の解消の推進に寄与するよう努力する義務があることを明確にしたものです。

【参考】障害・障害者に関連するマーク・標識

障害者差別解消法における「障害」や「障害者」の定義とは別に，世の中には多くの障害・障害者に関する表現やマーク等が存在します。

その中でも特に日常生活で使われているマークを紹介します。よく見かけるものもあれば，普段馴染みのないものもあるかもしれません。障害者差別解消法の国民の責務と直接紐づくものではありませんが，マーク・標識の意味を知っておくことが，相互に人格と個性を尊重し合いながら共生する社会の実現につながるかもしれません。

【図表8－1】日常生活で使われているマーク

名　称	概　要	所　管
障害者のための 国際シンボルマーク[1] 	障害者が利用可能な建物，施設であることを表すための世界共通のシンボルマーク。マークの使用方法は国際リハビリテーション協会の「使用指針」により定められています。主に駐車場などで使用されています。なお，このマークには車椅子が用いられているものの，特に車椅子を利用する障害者に限定するものではなく，「すべての」障害者を対象としたものである点に留意が必要です。	公益財団法人日本障害者リハビリテーション協会
盲人のための 国際シンボルマーク[2] 	世界盲人連合が制定した盲人のための世界共通のマーク。視覚障害者の安全やバリアフリーに考慮された建物，設備，機器であることを表しています。信号機や国際点字郵便物・書籍などで見かけるマークです。視覚障害者の利用への配慮への理解と協力が求められます。	社会福祉法人日本盲人福祉委員会
身体障害者標識 (身体障害者マーク) 	肢体不自由を理由に免許に条件を付されている場合に，運転する車にこのマークを表示する努力義務が課せられます。危険防止のためやむを得ない場合を除き，このマークを付けた車に幅寄せや割り込みを行った運転者は，道路交通法の規定により罰せられます。	警察庁交通局交通企画課

1　https://www.jsrpd.jp/overview/symbol/
2　http://ncwbj.or.jp/

聴覚障害者標識 (聴覚障害者マーク) 	聴覚障害を理由に免許に条件を付されている場合に，運転する車にこのマークを表示する義務が課せられています。危険防止のためやむを得ない場合を除き，このマークを付けた車に幅寄せや割り込みを行った運転者は，道路交通法の規定により罰せられます。	警察庁交通局交通企画課
ほじょ犬マーク[3] 	身体障害者補助犬法の趣旨に基づいた普及啓発を行う場合に自由に使用できるマーク。身体障害者補助犬とは，盲導犬，介助犬，聴導犬のことをいいます。身体障害者補助犬法において，公共の施設や交通機関，デパートやスーパー，ホテル，レストランなどの民間施設は，身体障害のある人が身体障害者補助犬を同伴するのを受け入れる義務があり，補助犬を同伴することのみをもってサービスの提供を拒むことは障害者差別に当たるため，留意が必要です。	厚生労働省社会・援護局障害保健福祉部企画課自立支援振興室
耳マーク[4 5] 	聞こえない人々の存在と立場を社会一般に認知してもらい，コミュニケーションの配慮などの理解を求めていくためのシンボルマーク。 聴覚障害者が自らの耳が不自由であることを表すために使用したり，自治体，病院，銀行などがこのマークを掲示して，聴覚障害者から申し出があれば必要な援助を行うという意思表示を示すために使用されています。	一般社団法人全日本難聴者・中途失聴者団体連合会
ヒアリングループマーク[6] 	補聴器や人工内耳に内蔵されている磁気誘導コイルを使って利用できる施設・機器であることを表示するマーク。 このマークを施設・機器に掲示して，補聴器・人工内耳装用者に補聴援助システムがあることを知らせ，利用を促すものです。	一般社団法人全日本難聴者・中途失聴者団体連合会

3　https://www.mhlw.go.jp/stf/newpage_15684.html

4　以前は「耳のシンボルマーク」とも称されていましたが，現在では「耳マーク」の表記に統一することとなっています。

5　https://www.zennancho.or.jp/mimimark/mimimark/

6　https://www.zennancho.or.jp/mimimark/mimiloop/

オストメイトマーク 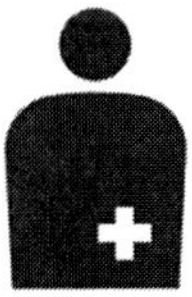	人工肛門・人工膀胱を造設している人（オストメイト）のための設備があることを示すマーク。 オストメイト対応のトイレの入口・案内誘導プレートに表示されています。	公益財団法人交通エコロジー・モビリティ財団
ハート・プラスマーク[7] 	内部障害[8]・内臓疾患[9]の存在を視覚的に示し，理解と協力を広げるために作られたマーク。身体内部（心臓，呼吸機能，じん臓，膀胱・直腸，小腸，肝臓，免疫機能）の障害は外見からはわかりにくいため，様々な誤解を受けることがあることから，内部障害・内臓疾患への配慮への理解と協力を求めるものです。	特定非営利活動法人ハート・プラスの会
ヘルプマーク[10] 	外見からはわからないものの援助や配慮を必要としている人（義足や人工関節の使用者，内部障害，難病患者，妊娠初期の妊婦等）が，周囲に配慮を必要としていることを知らせることで，援助を得やすくなるよう作成されたマーク。 東京都が作成し，現在では東京都以外の全道府県で導入されています。	東京都福祉保健局障害者施策推進部計画課社会参加推進担当
手話マーク[11] 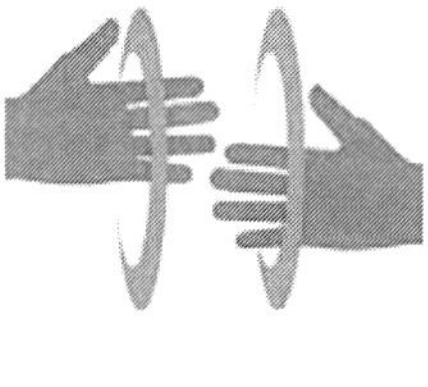	ろう者，難聴者，中途失聴者のために，一目でコミュニケーション手段がわかるよう作成されたマーク。 ろう者等がコミュニケーションの配慮を求めるときに提示したり，役所，公共および民間施設，交通機関の窓口，店舗等が「手話で対応できる」ことを示したりするために使用されています。	一般財団法人全日本ろうあ連盟

7　https://www.normanet.ne.jp/~h-plus/

8　内部障害とは，現行の身体障害認定基準で身体障害者手帳の交付の受けられる，心臓機能，じん臓機能，呼吸器機能，ぼうこう・直腸の機能，小腸機能，HIVによる免疫機能，肝臓機能の障害が想定されています。

9　内臓疾患とは，身体障害者手帳の交付を受けられない内臓関係の難病や自己免疫疾患など多くの内臓機能疾患をいうとされています。

10　https://www.fukushihoken.metro.tokyo.lg.jp/shougai/shougai_shisaku/helpmark.html

11　https://www.jfd.or.jp/2016/12/01/pid15854

筆談マーク[12] 	ろう者，難聴者，中途失聴者のために，一目でコミュニケーション手段がわかるよう作成されたマーク。 ろう者等がコミュニケーションの配慮を求めるときに提示したり，役所，公共および民間施設，交通機関の窓口，店舗等が「筆談で対応できる」ことを示したりするために使用されています。	一般財団法人全日本ろうあ連盟

（出所） https://www8.cao.go.jp/shougai/mark/mark.htmlに基づき筆者一部修正

また，公益財団法人交通エコロジー・モビリティ財団のウェブサイトには，様々なマークが掲載されています。各マークについての推奨度も記載されており，特に施設の管理・運営者にとって参考になります（http://www.ecomo.or.jp/barrierfree/pictogram/picto_009%E3%80%802021.html）。

12　https://www.jfd.or.jp/2016/12/01/pid15854

第9章

相談および紛争の防止等のための体制の整備

障害を理由とする差別の解消を効果的に推進するために，国および地方公共団体が，障害者等からの相談に応じ，紛争の防止や解決を図ることができるよう必要な体制の整備を図るものとされています。民間の事業者自体は主体とはなっていません。

（相談及び紛争の防止等のための体制の整備）
第14条
国及び地方公共団体は，障害者及びその家族その他の関係者からの障害を理由とする差別に関する相談に的確に応ずるとともに，障害を理由とする差別に関する紛争の防止又は解決を図ることができるよう必要な体制の整備を図るものとする。

なお，地域における差別解消に向けたネットワークの構築の観点からは，障害者差別解消支援地域協議会を設置することができるとされています（法17条）。

第10章

啓発活動

障害を理由とする差別の解消を効果的に推進するために，国民の関心と理解を得ることが重要であることから，国および地方公共団体が必要な啓発活動を行うこととされています。民間の事業者自体は主体とはなっていません。

（啓発活動）
第15条
国及び地方公共団体は，障害を理由とする差別の解消について国民の関心と理解を深めるとともに，特に，障害を理由とする差別の解消を妨げている諸要因の解消を図るため，必要な啓発活動を行うものとする。

本条の趣旨を踏まえ，行政が障害者関連施設の立地について他の施設には課していない住民の同意を要件とするなど特別な措置を行わないほか，障害者に対する住民の理解を得るために必要な啓発活動を行うことが適当とされています。

内閣府による調査によれば，2022年（令和４年）４月１日時点で約66％の地方公共団体が啓発活動を行っており，その約81％が少なくとも紙媒体（パンフレットやリーフレット等）による周知啓発を行っています[1]。

1　内閣府障害者施策担当作成による2023年（令和５年）３月付け「障害者差別の解消の推進に関する地方公共団体への調査結果」71～72頁

第11章

情報の収集，整理および提供

障害者差別解消法の適切な運用に活かすために，国内外の差別解消のための取組みや海外の類似の法制度の運用等の情報は重要であるため，国が必要な情報の収集・整理・提供を行うこととされています。民間の事業者自体は主体とはなっていません。

（情報の収集，整理及び提供）
第16条
国は，障害を理由とする差別を解消するための取組に資するよう，国内外における障害を理由とする差別及びその解消のための取組に関する情報の収集，整理及び提供を行うものとする。

具体的には，差別に関する具体的な相談事例や裁判例，障害者権利条約も含めた国際的な動きに関する情報などの収集・整理・提供が挙げられています。

第12章

障害者差別解消支援地域協議会

1　障害者差別解消支援地域協議会とは

障害者差別解消法17条１項により，国および地方公共団体の機関であって，医療，介護，教育その他の障害者の自立と社会参加に関連する分野の事務に従事するもの（以下「関係機関」といいます）は，社会生活を円滑に営む上での困難を有する障害者に対する支援が効果的かつ円滑に実施されるよう，関係機関により構成される障害者差別解消支援地域協議会（以下「地域協議会」といいます）を組織することができるとされています。

（障害者差別解消支援地域協議会）
第17条
第１項
国及び地方公共団体の機関であって，医療，介護，教育その他の障害者の自立と社会参加に関連する分野の事務に従事するもの（以下この項及び次条第２項において「関係機関」という。）は，当該地方公共団体の区域において関係機関が行う障害を理由とする差別に関する相談及び当該相談に係る事例を踏まえた障害を理由とする差別を解消するための取組を効果的かつ円滑に行うため，関係機関により構成される障害者差別解消支援地域協議会（以下「協議会」という。）を組織することができる。
第２項

> 前項の規定により協議会を組織する国及び地方公共団体の機関は，必要があると認めるときは，協議会に次に掲げる者を構成員として加えることができる。
> 1　特定非営利活動促進法（平成10年法律第７号）第２条第２項に規定する特定非営利活動法人その他の団体
> 2　学識経験者
> 3　その他当該国及び地方公共団体の機関が必要と認める者

障害を理由とする差別を解消するためには，障害者にとって身近な地域において，関係機関が地域の実情に応じた差別の解消のための取組みを主体的に行うネットワークを組織することが重要です。

たとえば，地域において生活する障害者の活動は広範多岐にわたりますが，障害者が行政機関の相談窓口に障害者差別に関する相談等を行う際，初めから権限を有する機関を選んで相談することは難しく，また，相談等を受ける行政機関においても，相談内容によっては，当該機関だけでは対応できない可能性があります。

このような不都合を解消するために，障害者差別解消法17条は，国と地方公共団体の機関が，地域における障害者差別に関する相談等について情報を共有し，障害者差別を解消するための取組みを効果的かつ円滑に行うネットワークとして，地域協議会を設置できることを明記しているのです。

内閣府障害者施策担当の作成する「障害者差別解消支援地域協議会設置の手引き」によれば，地域協議会を組織することのメリットとして，以下の事項が挙げられています[1]。

> ➢　相談への迅速かつ適切な対応
> 障害者，事業者等からの相談がいわゆる「たらいまわし」になることを防ぎ，

1　内閣府政策統括官作成による2017年（平成29年）５月付け「障害者差別解消支援地域協議会の設置・運営等に関するガイドライン」（https://www8.cao.go.jp/shougai/suishin/secchi/pdf/guideline.pdf）

関係機関等で共有・蓄積した相談事例等を踏まえて迅速に権限ある機関につなぐなどの対応が可能となります。

➢　紛争解決に向けた対応力の向上

障害者差別に関する相談を受けとめ，相談事例について関係者間で意見交換することにより障害者差別解消に向けた認識や望ましい対応のあり方などに関する情報の共有が図られるとともに，事案によっては斡旋・調整などの権限を有する適切な機関につなぐことにより訴訟に至る前段階で解決を目指すなど，紛争解決に向けた対応力の向上が図られるようになります。

➢　職員の事務負担の軽減

地域協議会の設置自体が事務負担の増加になるのではないか，という懸念もあるかと思いますが，長期的な視点で見れば，相談事例の共有・蓄積が進むことにより，新たな相談にスムーズに対応できるようになり，地方公共団体の職員の皆様の事務負担の軽減につながることも考えられます。

➢　権利擁護に関する意識のPR

権利擁護に関する意識が高く，障害者差別の解消に向けて積極的に取り組んでいる地方公共団体であることがPRできます。

特に４つ目に挙げられているメリットは，あくまでも副次的なものにすぎないと思いますが，このようなメリットを挙げて，より多くの地方公共団体が地域協議会を設置することを促進しています。

2　地域協議会の構成

内閣府政策統括官の作成する「障害者差別解消支援地域協議会の設置・運営等に関するガイドライン」では，メンバー構成について，設置主体や区域の広さなど地域の実情に応じて考えることが重要としています。その上で，あくまでも一例として，以下のような構成機関等を挙げています。なお，国の出先機関や広域的な職能団体などをメンバーに加えることは，都道府県や政令市でなければ一般的には難しいのではないかということも付記されていますが，その点を除けば比較的この例を参考にしたメンバー構成としているところが多いように思います[2]。

2　たとえば，東京都障害者差別解消支援地域協議会では，その委員ではなくオブザーバーとして法務省東京法務局人権擁護部や厚生労働省東京労働局職業安定部の担当者が参加しています。

【図表12－1】想定される地域協議会の構成機関等

分野		都道府県	市町村
当事者		障害者団体，家族会　等	障害者団体，家族会　等
行政	国の機関	法務局，労働局や運輸支局などの国地方出先機関　等	法務局，公共職業安定所（ハローワーク）　等
	地方公共団体	障害者施策主管部局，都道府県福祉事務所，保健所，精神保健福祉センター，都道府県消費生活センター，教育委員会，学校，都道府県警　等	障害者施策主管部局，人権主管部局，福祉事務所，保健センター，市町村消費生活センター，教育委員会，学校，警察署，消防本部　等
関係機関団体等	教育	校長会，PTA連合会　等	校長会，PTA連合会　等
	福祉等	都道府県社会福祉協議会，民生・児童委員協議会，福祉専門職等団体，社会福祉施設等団体，障害者就業・生活支援センター　等	市町村社会福祉協議会，相談支援事業者（基幹相談支援センター，市町村障害者相談支援事業者），社会福祉施設，民生・児童委員　等
	医療・保健	医師会（医師），歯科医師会（歯科医師），看護協会（保健師・看護師），医療機関，病院団体　等	医師，歯科医師，保健師，看護師等
	事業者	商工会議所，経営者協会，公共交通機関，事業者　等	商工会議所，公共交通機関，事業者　等
	法曹等	弁護士会（弁護士），司法書士会，人権擁護委員連合会（人権擁護委員）　等	弁護士，司法書士，行政書士，人権擁護委員　等
その他		学識経験者，新聞社，放送局　等	学識経験者，自治会　等

※表の機関等をすべて含めなければならないということではなく，メンバー構成は地域の実情に応じて検討。

（出所）　内閣府政策統括官作成による2017年（平成29年）5月付け「障害者差別解消支援地域協議会の設置・運営等に関するガイドライン」(https://www8.cao.go.jp/shougai/suishin/secchi/pdf/guideline.pdf）より抜粋

3　各自治体における設置状況

地域協議会の設置状況は，【図表12－２】のとおりです。公共団体の規模が小さくなるにつれて設置割合も低くなってはいるものの，町村でも47％が設置済みとなっています。

【図表12－２】地域協議会の設置状況

【下段( )内数値は令和３年度調査結果】

選択肢	計		都道府県		指定都市		中核市等		一般市		町村	
	数	割合	数	割合	数	割合	数	割合	数	割合	数	割合
1 設置済み	1,074 (1,053)	60% (59%)	47 (47)	100% (100%)	20 (20)	100% (100%)	76 (74)	85% (83%)	495 (484)	70% (69%)	436 (428)	47% (46%)
2 設置予定	66 (89)	4% (5%)	– (–)	– (–)	– (–)	– (–)	1 (4)	1% (4%)	25 (28)	4% (4%)	40 (57)	4% (6%)
3 設置しない	61 (62)	3% (3%)	– (–)	– (–)	– (–)	– (–)	1 (2)	1% (2%)	26 (23)	4% (3%)	34 (37)	4% (4%)
4 未定(※設置するかしないか決まっていない)	587 (584)	33% (33%)	– (–)	– (–)	– (–)	– (–)	11 (9)	12% (10%)	160 (171)	23% (24%)	416 (404)	45% (44%)
計	1,788 (1,788)	100% (100%)	47 (47)	100% (100%)	20 (20)	100% (100%)	89 (89)	100% (100%)	706 (706)	100% (100%)	926 (926)	100% (100%)

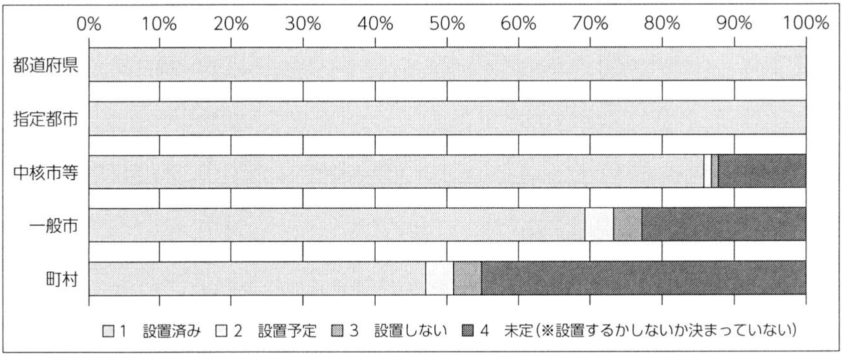

※障害者差別解消法第17条に基づく地域協議会を正式に設置していない場合でも，地域協議会の事務に相当する事務を行う組織，会議体，ネットワーク等の枠組みが別途存在しており，かつ，過去に当該枠組みで地域協議会の事務に相当する事務を行った実績がある場合は，「1　設置済み」と整理している。

※令和４年４月１日時点。

（出所）　内閣府障害者施策担当作成による2023年（令和５年）３月付け「障害者差別の解消の推進に関する地方公共団体への調査結果」（https://www8.cao.go.jp/shougai/suishin/sabekai/pdf/region/r04-kekka.pdf）に基づき筆者一部修正

第13章

行政措置・罰則

障害者差別解消法は，最低限の罰則のみを規定しています。

具体的には，民間の事業者が，障害者差別解消法に基づく差別禁止や合理的配慮の提供義務に違反した場合，ただちに違反者に罰則等が課されるわけではなく，特に必要があると認めるときは，まずは主務大臣が事業者に対して報告を求め，さらに，助言・指導・勧告を行うことができます（法12条)。これにより，民間の事業者が自主的・主体的に差別を禁止したり，合理的配慮の提供義務の違反を解消したりすることが期待されています。

（報告の徴収並びに助言，指導及び勧告）
第12条
主務大臣は，第８条の規定の施行に関し，特に必要があると認めるときは，対応指針に定める事項について，当該事業者に対し，報告を求め，又は助言，指導若しくは勧告をすることができる。

この点，実効性確保の手段として，他の法令等で定められることが多い改善命令や公表などの行政処分まで定められていないのは，あくまでも民間の事業者には自主的な取組みを促すという基本姿勢によるものであることは前述のとおりです。

仮に事業者が，主務大臣の求める報告を行わず，または虚偽の報告をした場合には，20万円以下の過料が課されることとなります（法26条)。

第26条
第12条の規定による報告をせず，又は虚偽の報告をした者は，20万円以下の過料に処する。

なお，障害者差別解消法は，行政機関等については実効性確保の手段を規定していません。もっとも，行政機関等の処分に関連する差別があれば，たとえば行政不服審査法に基づく不服申立てを行うことが考えられますし，行政機関等の職員による違反行為があった場合には，たとえば行政機関等の内部における規律確保のための仕組みや行政相談等により是正が図られることになります。

第14章

基本方針・対応要領・対応指針

1　基本方針

(1)　基本方針とは

基本方針（正式名称：障害を理由とする差別の解消の推進に関する基本方針）とは，政府が，障害者差別解消法６条１項に基づき策定したものです。これは，障害を理由とする差別の解消に向けた，政府の施策の総合的かつ一体的な実施に関する基本的な考え方を示すものです[1]。2021年（令和３年）５月に成立した障害者差別解消法の改正法（2024年施行）を踏まえ，2023年（令和５年）３月14日付け閣議決定で改定された基本方針が公表されています。

> 第６条第１項
> 政府は，障害を理由とする差別の解消の推進に関する施策を総合的かつ一体的に実施するため，障害を理由とする差別の解消の推進に関する基本方針（以下「基本方針」という。）を定めなければならない。

1　https://www8.cao.go.jp/shougai/suishin/sabekai/kihonhoushin/r05/pdf/honbun.pdf

基本方針の概要は，以下のとおりです。

〈基本方針の概要〉
第１　障害を理由とする差別の解消の推進に関する施策に関する基本的な方向
１．法制定の背景及び経過
２．基本的な考え方
第２　行政機関等及び事業者が講ずべき障害を理由とする差別を解消するための措置に関する共通的な事項
１．法の対象範囲
２．不当な差別的取扱い
３．合理的配慮
第３　行政機関等が講ずべき障害を理由とする差別を解消するための措置に関する基本的な事項
１．基本的な考え方
２．対応要領
３．地方公共団体等における対応要領に関する事項
第４　事業者が講ずべき障害を理由とする差別を解消するための措置に関する基本的な事項
１．基本的な考え方
２．対応指針
３．主務大臣による行政措置
第５　国及び地方公共団体による障害を理由とする差別を解消するための支援措置の実施に関する基本的な事項
１．相談及び紛争の防止等のための体制の整備
２．啓発活動
３．情報の収集，整理及び提供
４．障害者差別解消支援地域協議会
第６　その他障害を理由とする差別の解消の推進に関する施策に関する重要事項

⑵　基本的な考え方

すべての国民が，障害の有無によって分け隔てられることなく，相互に人格と個性を尊重し合いながら共生する社会を実現するためには，日常生活や社会生活における障害者の活動を制限し社会への参加を制約している社会的障壁を取り除くことが重要です。そのために，障害者差別解消法は，障害者に対する不当な差別的取扱いと合理的配慮の不提供を差別と規定し，行政機関等および民間の事業者に対し，差別の解消に向けた具体的取組みを求めるとともに，普及啓発活動等を通じて，障害者も含めた国民１人ひとりが，それぞれの立場において自発的に取り組むことを促しています。

特に，障害者差別解消法に規定された合理的配慮の提供に当たる行為は，すでに社会の様々な場面において日常的に実践されているものもあり，こうした取組みを広く社会に示すことにより，国民１人ひとりの，障害に関する正しい知識の取得や理解が深まり，障害者との建設的対話による相互理解が促進され，取組みの裾野が一層広がることを期待しています。

なお，基本方針では，後述⑶の対応要領や対応指針に関する事項の他に，環境の整備や障害者差別解消支援地域協議会などについても言及されています。

⑶　基本方針，対応要領，対応指針との関係

国の行政機関の長および独立行政法人等は，基本方針に即して，その機関の職員の取組みに資するための対応要領を，主務大臣は，事業者における取組みに資するための対応指針を，それぞれ作成することとされています（法９条）。

また，基本方針では，地方公共団体等（地方公共団体および公営企業型以外の地方独立行政法人）については，地方分権の観点から，対応要領の作成は努力義務とされているものの，これに積極的に取り組むことが望まれるとされています（法10条）。

さらに，基本方針では，対応要領と対応指針は，障害者差別解消法に規定された不当な差別的取扱いと合理的配慮の提供について，具体例も盛り込みながらわかりやすく示しつつ，行政機関等の職員に徹底し，事業者の取組みを促進するとともに，広く国民に周知するものとするとされています。

【図表14－1】基本方針・対応要領・対応指針の関係

基本方針[2]	
作成主体	政府（閣議決定）
作成義務	政府に作成義務がある
内容	障害を理由とする差別の解消に向けた，政府の施策の総合的かつ一体的な実施に関する基本的な考え方を示している

基本方針に即して作成

	対応指針[3]	対応要領	
		国等職員対応要領[4]	地方公共団体等職員対応要領[5]
誰に向けたものか	事業者向け	国・行政機関の職員向け	都道府県・市町村の職員向け
作成主体	主務大臣	・国の行政機関の長 ・独立行政法人等	・地方公共団体の機関 ・地方独立行政法人
作成義務	主務大臣に作成義務がある	国の行政機関の長および独立行政法人等には作成義務がある	地方公共団体の機関および地方独立行政法人には作成の努力義務のみ
内容	事業者が適切に対応できるように具体例などを示したガイドライン	職員が適切に対応できるように具体例などを示したガイドライン	

※作成にあたっては，障害者その他の関係者の意見を反映させるために必要な措置を講ずる（地方公共団体等職員対応要領については，必要な措置を講ずるよう努める）こととされています。

2　法６条
3　法11条
4　法９条
5　法10条

2　対応要領

(1)　対応要領とは

対応要領とは，行政機関等が事務・事業を行うにあたって職員が遵守すべき服務規律の一環として定められるもので，国の行政機関であれば，各機関の長が定める訓令等がこれに当たり，また，独立行政法人等については，内部規則の様式に従って定められることになります。

つまり，行政機関等の内部の人間がどのように行動すればよいかを示すものであり，民間の事業者に対するものではありません。

（国等職員対応要領）
第９条
第１項
国の行政機関の長及び独立行政法人等は，基本方針に即して，第７条に規定する事項に関し，当該国の行政機関及び独立行政法人等の職員が適切に対応するために必要な要領（以下この条及び附則第３条において「国等職員対応要領」という。）を定めるものとする。
第２項
国の行政機関の長及び独立行政法人等は，国等職員対応要領を定めようとするときは，あらかじめ，障害者その他の関係者の意見を反映させるために必要な措置を講じなければならない。
第３項
国の行政機関の長及び独立行政法人等は，国等職員対応要領を定めたときは，遅滞なく，これを公表しなければならない。
第４項
前２項の規定は，国等職員対応要領の変更について準用する。

（地方公共団体等職員対応要領）
第10条
第１項
地方公共団体の機関及び地方独立行政法人は，基本方針に即して，第７条に規定する事項に関し，当該地方公共団体の機関及び地方独立行政法人の職員が適切に対応するために必要な要領（以下この条及び附則第４条において「地方公共団体等職員対応要領」という。）を定めるよう努めるものとする。
第２項
地方公共団体の機関及び地方独立行政法人は，地方公共団体等職員対応要領を定めようとするときは，あらかじめ，障害者その他の関係者の意見を反映させるために必要な措置を講ずるよう努めなければならない。
第３項
地方公共団体の機関及び地方独立行政法人は，地方公共団体等職員対応要領を定めたときは，遅滞なく，これを公表するよう努めなければならない。
第４項
国は，地方公共団体の機関及び地方独立行政法人による地方公共団体等職員対応要領の作成に協力しなければならない。
第５項
前３項の規定は，地方公共団体等職員対応要領の変更について準用する。

⑵ 国の行政機関の長，独立行政法人等の対応要領

基本方針により，国の行政機関の長と独立行政法人等は，対応要領の作成にあたり，障害者その他の関係者を構成員に含む会議の開催，障害者団体等からのヒアリングなど，障害者その他の関係者の意見を反映させるために必要な措置を講ずるとともに，作成後は，対応要領を公表しなければならないとされており，各行政機関と独立行政法人等のウェブサイト等では，対応要領が公表されています[6]。

対応要領の主な記載事項は，以下のとおりです。

- 趣旨
- 障害を理由とする不当な差別的取扱いおよび合理的配慮の基本的な考え方
- 障害を理由とする不当な差別的取扱いおよび合理的配慮の具体例
- 監督者の責務
- 懲戒処分等
- 相談体制の整備
- 職員への研修・啓発

(3)　地方公共団体等の対応要領

障害者差別解消法では，地方公共団体等（地方公共団体および公営企業型以外の地方独立行政法人）における対応要領の作成については，地方分権の趣旨に鑑み，あくまでも努力義務とされており，基本方針においては，対応要領を作成する場合には，前述の国の行政機関の長，独立行政法人等の対応要領に準じて行われることが望ましいとされています。

したがって，対応要領の作成にあたっては，障害者その他の関係者を構成員に含む会議の開催，障害者団体等からのヒアリングなど，障害者その他の関係者の意見を反映させるために必要な措置を講ずるとともに，作成後は，対応要領を公表することが望ましく，各地方公共団体等のウェブサイト等では，対応要領が公表されています。

また，基本方針では，国は，地方公共団体等における対応要領の作成に関し，適時に資料・情報の提供，技術的助言など，所要の支援措置を講ずること等により協力しなければならないとしています。

地方公共団体の対応要領の策定状況は，**【図表14－2】**のとおりです。

6　たとえば，内閣府のウェブサイトには関係府省庁における対応要領がまとめられており，容易に各対応要領を見ることができます（https://www8.cao.go.jp/shougai/suishin/sabekai/taioyoryo.html）。

【図表14－２】地方公共団体の対応要領の策定状況

【下段( )内数値は令和３年度調査結果】

選択肢	計		都道府県		指定都市		中核市等		一般市		町村	
	数	割合	数	割合	数	割合	数	割合	数	割合	数	割合
1 策定済み	1,285 (1,287)	75% (75%)	－ (－)	－ (－)	－ (－)	－ (－)	87 (88)	98% (99%)	618 (627)	88% (89%)	580 (572)	63% (62%)
2 策定予定	84 (100)	5% (6%)	－ (－)	－ (－)	－ (－)	－ (－)	2 (－)	2% (－)	22 (26)	3% (4%)	60 (74)	6% (8%)
3 策定しない	15 (18)	1% (1%)	－ (－)	－ (－)	－ (－)	－ (－)	－ (－)	－ (－)	6 (3)	1% (0%)	9 (15)	1% (2%)
4 未定(※策定するかしないか決まっていない)	337 (316)	20% (18%)	－ (－)	－ (－)	－ (－)	－ (－)	－ (1)	－ (1%)	60 (50)	8% (7%)	277 (265)	30% (29%)
計	1,721 (1,721)	100% (100%)	－ (－)	－ (－)	－ (－)	－ (－)	89 (89)	100% (100%)	706 (706)	100% (100%)	926 (926)	100% (100%)

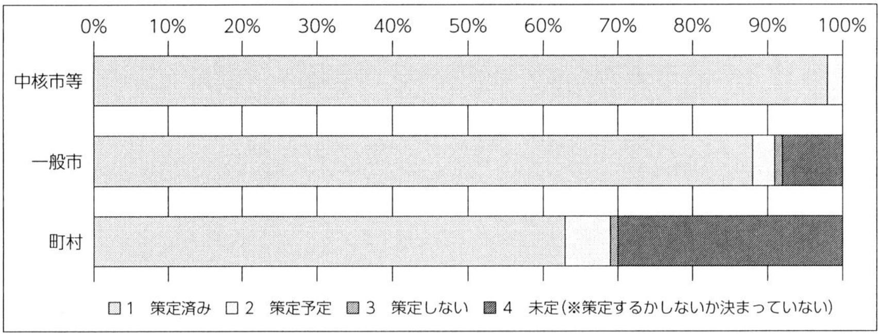

※障害者差別解消法第10条に基づく対応要領を正式に策定していない場合でも，対応要領に相当する手引き，マニュアル等が別途存在し，これらに基づき相談体制の整備や職員への研修・啓発等の必要な取組を行っている場合は，「1　策定済み」と整理している。
※都道府県および指定都市については，すでにすべての自治体で策定されている。
※令和４年４月１日時点。
（出所）　内閣府障害者施策担当作成による2023年（令和５年）３月付け「障害者差別の解消の推進に関する地方公共団体への調査結果」（https://www8.cao.go.jp/shougai/suishin/sabekai/pdf/region/r04-kekka.pdf）に基づき筆者一部修正

3　対応指針

(1)　対応指針とは

対応指針とは，事業を管轄する各主務大臣が，不当な差別的取扱いの禁止や合理的配慮の提供について事業者が適切に対応・判断できるようにするため，政府の策定した基本方針に即して，具体例を盛り込んで作成するものです。

> （事業者のための対応指針）
> 第11条
> 第１項
> 主務大臣は，基本方針に即して，第８条に規定する事項に関し，事業者が適切に対応するために必要な指針（以下「対応指針」という。）を定めるものとする。
> 第２項
> 第９条第２項から第４項までの規定は，対応指針について準用する。

主務大臣が対応指針を作成するにあたっては，障害者や事業者等を構成員に含む会議の開催，障害者団体や事業者団体等からのヒアリングなど，障害者その他の関係者の意見を反映させるために必要な措置を講ずるとともに，作成後は，対応指針を公表しなければなりません（法11条２項，９条２項ないし４項）。

そもそも改正障害者差別解消法が施行される2024年（令和６年）４月１日より前は，民間の事業者については，不当な差別的取扱いの禁止が法的義務とされる一方で，事業における障害者との関係が分野・業種・場面・状況によって様々であり，求められる配慮の内容・程度も多種多様であることから，合理的配慮の提供については努力義務とされていたため，障害者差別解消法11条は，各主務大臣に，基本方針に即して，所掌する分野における対応指針を作成することを義務づけ，民間の事業者が，対応指針を参考として，主体的に差別の解消に取り組むことを期待していました。

つまり，対応指針は，事業者の適切な判断に資するために作成されるものであり，盛り込まれる合理的配慮の具体例は，事業者に強制する性格のものではなく，また，それだけに限られるものでもありません。民間の事業者においては，対応指針を踏まえ，具体的場面や状況に応じて柔軟に対応することが期待されています。各対応指針では，「対応指針で『望ましい』と記載している内容は，事業者がそれに従わない場合であっても，法に反すると判断されることはないが，障害者基本法の基本的な理念及び法の目的を踏まえ，できるだけ取り組むことが望まれることを意味する」と明確に記載されています。

なお，改正障害者差別解消法が施行される2024年（令和６年）４月１日以降，努力義務から法的義務になりますが，引き続き民間の事業者が適切な判断をするために対応指針自体は参考になるため，改正を踏まえた対応指針が公表されることになります。

⑵　対応指針の主な記載事項

対応指針の主な記載事項は，以下のとおりです。

- 趣旨
- 障害を理由とする不当な差別的取扱いおよび合理的配慮の基本的な考え方
- 障害を理由とする不当な差別的取扱いおよび合理的配慮の具体例
- 事業者における相談体制の整備
- 事業者における研修・啓発
- 国の行政機関（主務大臣）における相談窓口

(3)　対応指針の効力

民間の事業者は，対応指針で「望ましい」と記載されている内容に従わない場合であっても，法に違反するとは判断されません。もっとも，障害者基本法の基本的な理念および法の目的を踏まえると，できるだけ取り組むことが望ましいとされています。

民間の事業者は，対応指針を参考にして自主的に障害者の差別の解消に向けた取組みを行うことが期待されていますが，事業者の自主的な取組みだけではその適切な履行が確保されず，たとえば，事業者が障害者差別解消法に反する取扱いを繰り返し，自主的な改善を期待することが困難である場合など，特に必要があると認められるときは，障害者差別解消法12条により，主務大臣は，事業者に対して，報告を求めたり，助言，指導，勧告をすることができます。

（報告の徴収並びに助言，指導及び勧告）
第12条
主務大臣は，第８条の規定の施行に関し，特に必要があると認めるときは，対応指針に定める事項について，当該事業者に対し，報告を求め，又は助言，指導若しくは勧告をすることができる。

こうした行政措置に至る事案を未然に防止するため，主務大臣は，民間の事業者に対して，対応指針に係る十分な情報提供を行うとともに，民間の事業者からの照会・相談に丁寧に対応するなどの取組みを積極的に行うことが，基本方針で要請されています。また，主務大臣による行政措置にあたっては，民間の事業者における自主的な取組みを尊重する法の趣旨に沿って，まず，報告徴収，助言，指導により改善を促すことを基本とする必要があり，主務大臣が民間の事業者に対して行った助言，指導および勧告については，取りまとめて，毎年国会に報告するものとされています。

第15章

条例との関係

地方公共団体においては，近年，障害者差別の解消に向けた条例の制定が進められています。

障害者差別解消法があるからといって，地域の実情に即した条令（いわゆる上乗せ・横出し条例を含みます）の効力が否定されるわけではありませんし，新たに制定することも制限はされません。基本方針は，障害者にとって身近な地域において，条例の制定も含めた障害者差別を解消する取組みの推進が望まれるとしています。

- 上乗せ条例：法律に規定している事項について，同一の規制目的で法律よりも厳しい規制を定める条例
- 横出し条例：法律と同一の規定目的の範囲内で，法律が規定していない事項について規制を定める条例

たとえば，2018年（平成30年）10月１日に施行された東京都の「東京都障害者への理解促進及び差別解消の推進に関する条例」では，この条例が施行された当時の障害者差別解消法上，民間の事業者は合理的配慮の提供の「努力」義務しか負っていなかったにもかかわらず，「都内で事業を行う者」については法的義務としました。これはいわゆる上乗せ条例の１つです。

このように，事業を行う地域の条例によっては，障害者差別解消法よりも厳しい規制や，同法が規制していない事項についての規制が定められていること

があるため，事業を遂行するにあたっては，事業を行う地域の条例も確認する必要があります。

なお，内閣府が2023（令和５年）３月に公表した資料によれば[1]，2022年（令和４年）４月１日時点で，都道府県が37団体，指定都市が８団体，中核市等が12団体，一般市が62団体，町村が45団体，計164団体が障害者差別解消に関する条例を制定しています[2]。前述のとおり，内閣の策定した基本方針では，条例の制定も含めた障害者差別を解消する取組みの推進が望まれていることから，今後，現在条例がない地方公共団体においても新たに条例が制定されたり，すでに条例のある地方公共団体でも内容が改正されたりすることが想定されます。

> 地方自治法
> 第14条第１項
> 普通地方公共団体は，法令に違反しない限りにおいて第２条第２項の事務（筆者注：地域における事務およびその他の事務で法律またはこれに基づく政令により処理することとされるもの）に関し，条例を制定することができる。

> 障害を理由とする差別の解消の推進に関する法律　附帯決議
> 本法が，地方公共団体による，いわゆる上乗せ・横出し条例を含む障害を理由とする差別に関する条例の制定等を妨げ又は拘束するものではないことを周知すること。

> 障害を理由とする差別の解消の推進に関する基本方針
> 第１　障害を理由とする差別の解消の推進に関する施策に関する基本的な方向

1　内閣府障害者施策担当作成による2023年（令和５年）３月付け「障害者差別の解消の推進に関する地方公共団体への調査結果」(https://www8.cao.go.jp/shougai/suishin/sabekai/pdf/region/r03-kekka.pdf)

2　全体に対する割合では，都道府県は79％，指定都市が40％，中核市等が13％，一般市が９％，町村が５％となっています。

2　基本的な考え方

⑶　条例との関係

地方公共団体においては，近年，法の制定に先駆けて，障害者差別の解消に向けた条例の制定が進められるなど，各地で障害者差別の解消に係る気運の高まりが見られるところである。法の施行後においても，地域の実情に即した既存の条例（いわゆる上乗せ・横出し条例を含む。）については引き続き効力を有し，また，新たに制定することも制限されることはなく，障害者にとって身近な地域において，条例の制定も含めた障害者差別を解消する取組の推進が望まれる。

↓

2024年（令和６年）４月１日施行の改正法により，以下のように変更されています。

⑶　条例との関係

地方公共団体においては，障害を理由とする差別の解消に向けた条例の制定が進められるなど，各地で障害を理由とする差別の解消に係る気運の高まりが見られるところである。法との関係では，地域の実情に即した既存の条例（いわゆる上乗せ・横出し条例を含む。）については引き続き効力を有し，また，新たに制定することも制限されることはなく，障害者にとって身近な地域において，条例の制定も含めた障害を理由とする差別を解消する取組の推進が望まれる。

第16章

雇用の分野

1　障害者差別解消法の適用範囲

障害者差別解消法では，事業者による労働者への差別を解消するための措置は，「障害者の雇用の促進等に関する法律」（いわゆる「障害者雇用促進法」）で定めるとしていますので（法13条），障害者差別解消法８条に定める差別の禁止（不当な差別的取扱いの禁止，合理的配慮の提供）は，雇用分野には適用されません。

（事業主による措置に関する特例）
第13条
行政機関等及び事業者が事業主としての立場で労働者に対して行う障害を理由とする差別を解消するための措置については，障害者の雇用の促進等に関する法律（昭和35年法律第123号）の定めるところによる。

一方，障害者差別解消法に定める地域協議会（法第４章）については，行政機関等による「支援措置」の１つとして位置づけられていて，雇用分野にも適用があるとされています。

2　障害者雇用促進法

(1)　概　要

障害者雇用促進法は，障害者に対する障害を理由とする差別の禁止として，事業主は，募集・採用時において障害者に対して，障害者でない者と均等な機会を与えなければならず（同法34条），採用後において，賃金の決定，教育訓練の実施，福利厚生施設の利用その他の待遇について，障害者であることを理由として，障害者でない者と不当に差別的取扱いをしてはならない（同法35条）と定めています。

また，合理的配慮[1]として，募集・採用時において，障害者からの申し出により障害者に対して合理的配慮を提供することが事業主に義務づけられており（同法36条の２），採用後において，事業主が障害者である労働者に対して合理的配慮を提供する義務を負うことを定めています（同法36条の３）。もっとも，事業主に対して過重な負担を及ぼすこととなるときは，その義務を負わないとされています（同法36条の２ただし書き，36条の３ただし書き）。

(2)　差別禁止指針

障害者雇用促進法は，厚生労働大臣に対して，差別禁止に関して，事業主が適切に対応するために指針を定める義務を課しており（同法36条１項），これを踏まえて，差別禁止指針が定められています[2]。

1　障害者雇用促進法の条文上は「合理的配慮」「合理的な配慮」といった表現は用いられておらず，「障害者の障害の特性に配慮した必要な措置」（同法36条の２），「労働者の障害の特性に配慮した…措置」（同法36条の３）といった表現が用いられているものの，その構造，諸外国の同趣旨の規定等を踏まえ，合理的配慮の提供義務を定めたものと考えられています。

この指針は，すべての事業主が対象であり，障害者であることを理由とする差別を禁止し，事業主や同じ職場で働く人が，障害特性に関する正しい知識の取得や理解を深めることが重要であることを説明しています。

募集・採用，賃金，配置，昇進，降格，教育訓練などの項目で障害者に対する差別を禁止しています。

例：募集・採用
- 障害者であることを理由として，障害者を募集または採用の対象から排除すること
- 募集または採用にあたって，障害者に対してのみ不利な条件を付すこと
- 採用の基準を満たす人の中から障害者でない人を優先して採用すること

(3)　合理的配慮指針

障害者雇用促進法は，厚生労働大臣に対して，合理的配慮に関して，事業主の講ずる措置の適切かつ有効な実施を図るために指針を定める義務を課しており（同法36条の５第１項），これを踏まえて，合理的配慮指針が定められています[3]。障害者差別解消法における基本方針と同じような位置づけです。

この指針も，すべての事業主が対象であり，合理的配慮は個々の事情を有する障害者と事業主との相互理解の中で提供されるべき性質のものであり，具体的に以下のような事項が記載されています。

2　障害者に対する差別の禁止に関する規定に定める事項に関し，事業主が適切に対処するための指針（平成27年厚生労働省告示116号）（https://www.mhlw.go.jp/file/06-Seisakujouhou-11600000-Shokugyouanteikyoku/0000082149.pdf）

3　雇用の分野における障害者と障害者でない者との均等な機会若しくは待遇の確保又は障害者である労働者の有する能力の有効な発揮の支障となっている事情を改善するために事業主が講ずべき措置に関する指針（平成27年厚生労働省告示117号）（https://www.mhlw.go.jp/file/06-Seisakujouhou-11600000-Shokugyouanteikyoku/0000082153.pdf）

例：募集・採用時，採用後において
- 募集内容について，音声などで提供すること（視覚障害）
- 面接を筆談などにより行うこと（聴覚・言語障害）
- 机の高さを調節することなど作業を可能にする工夫を行うこと（肢体不自由）
- 本人の習熟度に応じて業務量を徐々に増やしていくこと（知的障害）
- 出退勤時刻・休暇・休憩に関し，通院・体調に配慮すること（精神障害ほか）

また，前述のとおり，障害者雇用促進法上も事業主に過重な負担となる場合には合理的配慮の提供義務は免除されることになりますが，過重な負担の該当性の判断要素について障害者雇用促進法は規定しておらず，合理的配慮指針において【図表16－1】の７つの要素が挙げられています（合理的配慮指針第５の１）。

【図表16－1】過重な負担の該当性の判断要素

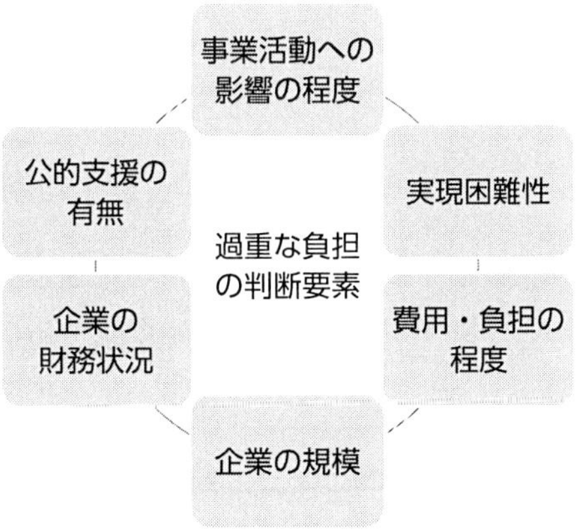

これらの要素を総合的に勘案し，個別に判断して過重な負担に該当するかを判断することとなります（合理的配慮指針第５の１）。

また，事業者が過重な負担に当たると判断した場合には，当該措置を実施できないことを伝え，障害者からの要望があれば，過重な負担に該当すると判断した理由も説明する必要があります（合理的配慮指針第３の１(3)，２(3)，第５の２）。

【図表16－２】雇用の分野における合理的配慮の具体例

	雇用の分野における合理的配慮の具体例[4]
募集・採用の配慮	• 問題用紙を点訳・音訳すること • 試験などで拡大読書器を利用できるようにすること • 試験の回答時間を延長すること • 回答方法を工夫すること　など
施設の整備，援助を行う者の配置など	• 車椅子を利用する方に合わせて，机や作業台の高さを調整すること • 文字だけでなく口頭での説明を行うこと • 口頭だけでなくわかりやすい文書・絵図を用いて説明すること • 筆談ができるようにすること • 手話通訳者・要約筆記者を配置・派遣すること • 雇用主との間で調整する相談員を置くこと • 通勤時のラッシュを避けるため勤務時間を変更すること　など

4　https://www.mhlw.go.jp/file/06-Seisakujouhou-11600000-Shokugyouanteikyoku/0000121387.pdf

おわりに

これまで努力義務にすぎなかった民間の事業者による合理的配慮の提供が，2024年（令和６年）４月１日の改正障害者差別解消法の施行により，いよいよ法的義務となります。しかしながら，たとえ法律が改正されても，結局はそれをどのように守っていくか，活用していくかによって，実現する世界は違ってきます。

法は，あくまでも１人ひとりがお互いの個性を認め合い，協力し合いながら生きていくためのルールにすぎません。まずはルールの意味を理解し，共有することが大切です。本書がその役に立てることを願っています。

末尾になりますが，本書の作成にあたっては，中央経済社・実務書編集部（法律担当）の石井氏，私が所属するTMI総合法律事務所の障害福祉プラクティスグループの弁護士（菊田行紘，遠山夏子，伊勢智子，吉田和雅，森安博行各弁護士）や同僚から非常に有益な意見等をいただきました。心より感謝申し上げます。また，いつも多くの気づきを与えてくれる家族に感謝するとともに，日頃お世話になっている医療看護・介護関係者，教育関係者，議員の皆様にも，この場をお借りして御礼申し上げます。

なお，本書中の意見にわたる部分は筆者の個人的見解であり，筆者が過去に所属し，または現在所属する団体等の見解ではないことにご留意ください。

2023年８月

弁護士

水田　進

【巻末資料1】

障害を理由とする差別の解消の推進に関する法律（平成25年法律第65号）

目次

第一章　総則

第１条（目的）

この法律は，障害者基本法（昭和45年法律第84号）の基本的な理念にのっとり，全ての障害者が，障害者でない者と等しく，基本的人権を享有する個人としてその尊厳が重んぜられ，その尊厳にふさわしい生活を保障される権利を有することを踏まえ，障害を理由とする差別の解消の推進に関する基本的な事項，行政機関等及び事業者における障害を理由とする差別を解消するための措置等を定めることにより，障害を理由とする差別の解消を推進し，もって全ての国民が，障害の有無によって分け隔てられることなく，相互に人格と個性を尊重し合いながら共生する社会の実現に資することを目的とする。

第２条（定義）

この法律において，次の各号に掲げる用語の意義は，それぞれ当該各号に定めるところによる。

一．障害者　身体障害，知的障害，精神障害（発達障害を含む。）その他の心身の機能の障害（以下「障害」と総称する。）がある者であって，障害及び社会的障壁により継続的に日常生活又は社会生活に相当な制限を受ける状態にあるものをいう。

二．社会的障壁　障害がある者にとって日常生活又は社会生活を営む上で障壁となるような社会における事物，制度，慣行，観念その他一切のものをいう。

三．行政機関等　国の行政機関，独立行政法人等，地方公共団体（地方公営企業法（昭和27年法律第292号）第三章の規定の適用を受ける地方公共団体の経営する企業を除く。第７号，第10条及び附則第４条第１項において同じ。）及び地方独立行政法人をいう。

四．国の行政機関　次に掲げる機関をいう。

イ．法律の規定に基づき内閣に置かれる機関（内閣府を除く。）及び内閣の所轄の下に置かれる機関

ロ．内閣府，宮内庁並びに内閣府設置法（平成11年法律第89号）第49条第１項及び第２項に規定する機関（これらの機関のうちニの政令で定める機関が置かれる機関にあっては，当該政令で定める機関を除く。）

ハ．国家行政組織法（昭和23年法律第120号）第３条第２項に規定する機関（ホの政令で定める機関が置かれる機関にあっては，当該政令で定める機関を除く。）

ニ．内閣府設置法第39条及び第55条並びに宮内庁法（昭和22年法律第70号）第16条第２項の機関並びに内閣府設置法第40条及び第56条（宮内庁法第18条第１項において準用する場合を含む。）の特別の機関で，政令で定めるもの

ホ．国家行政組織法第８条の２の施設等機関及び同法第８条の３の特別の機関で，政令で定めるもの

ヘ．会計検査院

五．独立行政法人等　次に掲げる法人をいう。

イ．独立行政法人（独立行政法人通則法（平成11年法律第103号）第２条第１項に規定する独立行政法人をいう。ロにおいて同じ。）

ロ．法律により直接に設立された法人，特別の法律により特別の設立行為をもって

設立された法人（独立行政法人を除く。）又は特別の法律により設立され，かつ，その設立に関し行政庁の認可を要する法人のうち，政令で定めるもの

六．地方独立行政法人　地方独立行政法人法（平成15年法律第118号）第２条第１項に規定する地方独立行政法人（同法第21条第３号に掲げる業務を行うものを除く。）をいう。

七．事業者　商業その他の事業を行う者（国，独立行政法人等，地方公共団体及び地方独立行政法人を除く。）をいう。

第３条（国及び地方公共団体の責務）

国及び地方公共団体は，この法律の趣旨にのっとり，障害を理由とする差別の解消の推進に関して必要な施策を策定し，及びこれを実施しなければならない。

【改正法（2024年施行）の施行後】

２．国及び地方公共団体は，障害を理由とする差別の解消の推進に関して必要な施策の効率的かつ効果的な実施が促進されるよう，適切な役割分担を行うとともに，相互に連携を図りながら協力しなければならない。

第４条（国民の責務）

国民は，第１条に規定する社会を実現する上で障害を理由とする差別の解消が重要であることに鑑み，障害を理由とする差別の解消の推進に寄与するよう努めなければならない。

第５条（社会的障壁の除去の実施についての必要かつ合理的な配慮に関する環境の整備）

行政機関等及び事業者は，社会的障壁の除去の実施についての必要かつ合理的な配慮を的確に行うため，自ら設置する施設の構造の改善及び設備の整備，関係職員に対す

る研修その他の必要な環境の整備に努めなければならない。

第二章　障害を理由とする差別の解消の推進に関する基本方針

第６条

１．政府は，障害を理由とする差別の解消の推進に関する施策を総合的かつ一体的に実施するため，障害を理由とする差別の解消の推進に関する基本方針（以下「基本方針」という。）を定めなければならない。

２．基本方針は，次に掲げる事項について定めるものとする。

一．障害を理由とする差別の解消の推進に関する施策に関する基本的な方向

二．行政機関等が講ずべき障害を理由とする差別を解消するための措置に関する基本的な事項

三．事業者が講ずべき障害を理由とする差別を解消するための措置に関する基本的な事項

四．その他障害を理由とする差別の解消の推進に関する施策に関する重要事項

【改正法（2024年施行）の施行後】

四．国及び地方公共団体による障害を理由とする差別を解消するための支援措置の実施に関する基本的な事項

五．その他障害を理由とする差別の解消の推進に関する施策に関する重要事項

３．内閣総理大臣は，基本方針の案を作成し，閣議の決定を求めなければならない。

４．内閣総理大臣は，基本方針の案を作成しようとするときは，あらかじめ，障害者その他の関係者の意見を反映させるために必要な措置を講ずるとともに，障害者政策委員会の意見を聴かなければならない。

５．内閣総理大臣は，第３項の規定による閣議の決定があったときは，遅滞なく，基本方針を公表しなければならない。

６．前３項の規定は，基本方針の変更について準用する。

第三章　行政機関等及び事業者における障害を理由とする差別を解消するための措置

第７条（行政機関等における障害を理由とする差別の禁止）

1．行政機関等は，その事務又は事業を行うに当たり，障害を理由として障害者でない者と不当な差別的取扱いをすることにより，障害者の権利利益を侵害してはならない。

2．行政機関等は，その事務又は事業を行うに当たり，障害者から現に社会的障壁の除去を必要としている旨の意思の表明があった場合において，その実施に伴う負担が過重でないときは，障害者の権利利益を侵害することとならないよう，当該障害者の性別，年齢及び障害の状態に応じて，社会的障壁の除去の実施について必要かつ合理的な配慮をしなければならない。

第８条（事業者における障害を理由とする差別の禁止）

1．事業者は，その事業を行うに当たり，障害を理由として障害者でない者と不当な差別的取扱いをすることにより，障害者の権利利益を侵害してはならない。

2．事業者は，その事業を行うに当たり，障害者から現に社会的障壁の除去を必要としている旨の意思の表明があった場合において，その実施に伴う負担が過重でないときは，障害者の権利利益を侵害することとならないよう，当該障害者の性別，年齢及び障害の状態に応じて，社会的障壁の除去の実施について必要かつ合理的な配慮をするように<u>努めなければならない</u>。

【改正法（2024年施行）の施行後】

2．事業者は，その事業を行うに当たり，障害者から現に社会的障壁の除去を必要としている旨の意思の表明があった場合において，その実施に伴う負担が過重でないときは，障害者の権利利益を侵害することとならないよう，当該障害者の性別，年齢及び障害の状態に応じて，社会的障壁の除去の実施について必要かつ合理的な配慮を<u>しなければならない</u>。

第９条（国等職員対応要領）

１．国の行政機関の長及び独立行政法人等は，基本方針に即して，第７条に規定する事項に関し，当該国の行政機関及び独立行政法人等の職員が適切に対応するために必要な要領（以下この条及び附則第３条において「国等職員対応要領」という。）を定めるものとする。

２．国の行政機関の長及び独立行政法人等は，国等職員対応要領を定めようとするときは，あらかじめ，障害者その他の関係者の意見を反映させるために必要な措置を講じなければならない。

３．国の行政機関の長及び独立行政法人等は，国等職員対応要領を定めたときは，遅滞なく，これを公表しなければならない。

４．前２項の規定は，国等職員対応要領の変更について準用する。

第10条（地方公共団体等職員対応要領）

１．地方公共団体の機関及び地方独立行政法人は，基本方針に即して，第７条に規定する事項に関し，当該地方公共団体の機関及び地方独立行政法人の職員が適切に対応するために必要な要領（以下この条及び附則第４条において「地方公共団体等職員対応要領」という。）を定めるよう努めるものとする。

２．地方公共団体の機関及び地方独立行政法人は，地方公共団体等職員対応要領を定めようとするときは，あらかじめ，障害者その他の関係者の意見を反映させるために必要な措置を講ずるよう努めなければならない。

３．地方公共団体の機関及び地方独立行政法人は，地方公共団体等職員対応要領を定めたときは，遅滞なく，これを公表するよう努めなければならない。

４．国は，地方公共団体の機関及び地方独立行政法人による地方公共団体等職員対応要領の作成に協力しなければならない。

５．前３項の規定は，地方公共団体等職員対応要領の変更について準用する。

第11条（事業者のための対応指針）

１．主務大臣は，基本方針に即して，第８条に規定する事項に関し，事業者が適切に対応するために必要な指針（以下「対応指針」という。）を定めるものとする。
2．第９条第２項から第４項までの規定は，対応指針について準用する。

第12条（報告の徴収並びに助言，指導及び勧告）
主務大臣は，第８条の規定の施行に関し，特に必要があると認めるときは，対応指針に定める事項について，当該事業者に対し，報告を求め，又は助言，指導若しくは勧告をすることができる。

第13条（事業主による措置に関する特例）
行政機関等及び事業者が事業主としての立場で労働者に対して行う障害を理由とする差別を解消するための措置については，障害者の雇用の促進等に関する法律（昭和35年法律第123号）の定めるところによる。

第四章　障害を理由とする差別を解消するための支援措置

第14条（相談及び紛争の防止等のための体制の整備）
国及び地方公共団体は，障害者及びその家族その他の関係者からの障害を理由とする差別に関する相談に的確に応ずるとともに，障害を理由とする差別に関する紛争の防止又は解決を図ることができるよう必要な体制の整備を図るものとする。

【改正法（2024年施行）の施行後】
国及び地方公共団体は，障害者及びその家族その他の関係者からの障害を理由とする差別に関する相談に的確に応ずるとともに，障害を理由とする差別に関する紛争の防止又は解決を図ることができるよう人材の育成及び確保のための措置その他の必要な体制の整備を図るものとする。

第15条（啓発活動）

国及び地方公共団体は，障害を理由とする差別の解消について国民の関心と理解を深めるとともに，特に，障害を理由とする差別の解消を妨げている諸要因の解消を図るため，必要な啓発活動を行うものとする。

第16条（情報の収集，整理及び提供）
国は，障害を理由とする差別を解消するための取組に資するよう，国内外における障害を理由とする差別及びその解消のための取組に関する情報の収集，整理及び提供を行うものとする。

【改正法（2024年施行）の施行後】
2．地方公共団体は，障害を理由とする差別を解消するための取組に資するよう，地域における障害を理由とする差別及びその解消のための取組に関する情報の収集，整理及び提供を行うよう努めるものとする。

第17条（障害者差別解消支援地域協議会）
1．国及び地方公共団体の機関であって，医療，介護，教育その他の障害者の自立と社会参加に関連する分野の事務に従事するもの（以下この項及び次条第２項において「関係機関」という。）は，当該地方公共団体の区域において関係機関が行う障害を理由とする差別に関する相談及び当該相談に係る事例を踏まえた障害を理由とする差別を解消するための取組を効果的かつ円滑に行うため，関係機関により構成される障害者差別解消支援地域協議会（以下「協議会」という。）を組織することができる。
2．前項の規定により協議会を組織する国及び地方公共団体の機関は，必要があると認めるときは，協議会に次に掲げる者を構成員として加えることができる。
　一．特定非営利活動促進法（平成10年法律第７号）第２条第２項に規定する特定非営利活動法人その他の団体
　二．学識経験者

三．その他当該国及び地方公共団体の機関が必要と認める者

第18条（協議会の事務等）

1．協議会は，前条第1項の目的を達するため，必要な情報を交換するとともに，障害者からの相談及び当該相談に係る事例を踏まえた障害を理由とする差別を解消するための取組に関する協議を行うものとする。

2．関係機関及び前条第2項の構成員（次項において「構成機関等」という。）は，前項の協議の結果に基づき，当該相談に係る事例を踏まえた障害を理由とする差別を解消するための取組を行うものとする。

3．協議会は，第1項に規定する情報の交換及び協議を行うため必要があると認めるとき，又は構成機関等が行う相談及び当該相談に係る事例を踏まえた障害を理由とする差別を解消するための取組に関し他の構成機関等から要請があった場合において必要があると認めるときは，構成機関等に対し，相談を行った障害者及び差別に係る事案に関する情報の提供，意見の表明その他の必要な協力を求めることができる。

4．協議会の庶務は，協議会を構成する地方公共団体において処理する。

5．協議会が組織されたときは，当該地方公共団体は，内閣府令で定めるところにより，その旨を公表しなければならない。

第19条（秘密保持義務）

協議会の事務に従事する者又は協議会の事務に従事していた者は，正当な理由なく，協議会の事務に関して知り得た秘密を漏らしてはならない。

第20条（協議会の定める事項）

前3条に定めるもののほか，協議会の組織及び運営に関し必要な事項は，協議会が定める。

第五章　雑則

第21条（主務大臣）

この法律における主務大臣は，対応指針の対象となる事業者の事業を所管する大臣又は国家公安委員会とする。

第22条（地方公共団体が処理する事務）

第12条に規定する主務大臣の権限に属する事務は，政令で定めるところにより，地方公共団体の長その他の執行機関が行うこととすることができる。

第23条（権限の委任）

この法律の規定により主務大臣の権限に属する事項は，政令で定めるところにより，その所属の職員に委任することができる。

第24条（政令への委任）

この法律に定めるもののほか，この法律の実施のため必要な事項は，政令で定める。

第六章　罰則

第25条

第19条の規定に違反した者は，１年以下の懲役又は50万円以下の罰金に処する。

第26条

第12条の規定による報告をせず，又は虚偽の報告をした者は，20万円以下の過料に処する。

附則抄

第１条（施行期日）

この法律は，平成28年４月１日から施行する。ただし，次条から附則第６条までの規定は，公布の日から施行する。

第２条（基本方針に関する経過措置）

1．政府は，この法律の施行前においても，第６条の規定の例により，基本方針を定めることができる。この場合において，内閣総理大臣は，この法律の施行前においても，同条の規定の例により，これを公表することができる。

2．前項の規定により定められた基本方針は，この法律の施行の日において第６条の規定により定められたものとみなす。

第３条（国等職員対応要領に関する経過措置）

1．国の行政機関の長及び独立行政法人等は，この法律の施行前においても，第９条の規定の例により，国等職員対応要領を定め，これを公表することができる。

2．前項の規定により定められた国等職員対応要領は，この法律の施行の日において第９条の規定により定められたものとみなす。

第４条（地方公共団体等職員対応要領に関する経過措置）

1．地方公共団体の機関及び地方独立行政法人は，この法律の施行前においても，第10条の規定の例により，地方公共団体等職員対応要領を定め，これを公表することができる。

2．前項の規定により定められた地方公共団体等職員対応要領は，この法律の施行の日において第10条の規定により定められたものとみなす。

第５条（対応指針に関する経過措置）

1．主務大臣は，この法律の施行前においても，第11条の規定の例により，対応指針を定め，これを公表することができる。

2．前項の規定により定められた対応指針は，この法律の施行の日において第11条の規定により定められたものとみなす。

第６条（政令への委任）

この附則に規定するもののほか，この法律の施行に関し必要な経過措置は，政令で定める。

第７条（検討）

政府は，この法律の施行後三年を経過した場合において，第８条第２項に規定する社会的障壁の除去の実施についての必要かつ合理的な配慮の在り方その他この法律の施行の状況について検討を加え，必要があると認めるときは，その結果に応じて所要の見直しを行うものとする。

【巻末資料２】

障害を理由とする差別の解消の推進に関する基本方針
（2023年（令和５年）３月14日閣議決定）

政府は，障害を理由とする差別の解消の推進に関する法律（平成25年法律第65号。以下「法」という。）第６条第１項の規定に基づき，障害を理由とする差別の解消の推進に関する基本方針（以下「基本方針」という。）を策定する。基本方針は，障害を理由とする差別の解消に向けた，政府の施策の総合的かつ一体的な実施に関する基本的な考え方を示すものである。

第１　障害を理由とする差別の解消の推進に関する施策に関する基本的な方向

１　法制定の背景及び経過

近年，障害者の権利擁護に向けた取組が国際的に進展し，平成18年に国連において，障害者の人権及び基本的自由の享有を確保すること並びに障害者の固有の尊厳の尊重を促進するための包括的かつ総合的な国際条約である障害者の権利に関する条約（以下「権利条約」という。）が採択された。我が国は，平成19年に権利条約に署名し，以来，国内法の整備を始めとする取組を進めてきた。

権利条約は第２条において，「「障害に基づく差別」とは，障害に基づくあらゆる区別，排除又は制限であって，政治的，経済的，社会的，文化的，市民的その他のあらゆる分野において，他の者との平等を基礎として全ての人権及び基本的自由を認識し，享有し，又は行使することを害し，又は妨げる目的又は効果を有するものをいう。障害に基づく差別には，あらゆる形態の差別（合理的配慮の否定を含む。）を含む。」と定義し，その禁止について，締約国に全ての適当な措置を求めている。我が国においては，平成16年の障害者基本法（昭和45年法律第84号）の改正において，障害者に対する差別の禁止が基本的理念として明示され，さらに，平成23年の同法改正の際には，権利条約の趣旨を踏まえ，同法第２条第２号において，社会的障壁について，「障害がある者にとつて日常生活又は社会生活を営む上で障壁となるような社会における事物，制度，慣行，観念その他一切のものをいう。」と定義されるとともに，基本原則として，同法第４条第１項に，「何人も，障害者に対して，障害を理由として，差別することその他の権利利益を侵害する行為をしてはならない」こと，また，同条第２項に，「社会的障壁の除去は，それを必要としている障害者が現に存し，かつ，その実施に伴う負担が過重でないときは，それを怠ることによって前項の規定に違反することとならないよう，その実施について必要かつ合理的な配慮がされなければならない」ことが規定された。

法は，障害者基本法の差別の禁止の基本原則を具体化するものであり，全ての国民が，障害の有無によって分け隔てられることなく，相互に人格と個性を尊重し合いながら共生する社会の実現に向け，障害を理由とする差別の解消を推進することを目的として，平成25年６月に制定された。我が国は，本法の制定を含めた一連の障害者施策に係る取組の成果を踏まえ，平成26年１月に権利条約を締結した。

また，令和３年６月には，事業者による合理的配慮の提供を義務付けるとともに，行政機関相互間の連携の強化を図るほか，相談体制の充実や情報の収集・提供など障害を理由とする差別を解消するための支援措置の強化を内容とする改正法が公布された（障害を理由とする差別の解消の推進に関する法律の一部を改正する法律（令和３年法律第56号））。

２　基本的な考え方

⑴　法の考え方

法は，全ての障害者が，障害者でない者と等しく，基本的人権を享有する個人としてその尊厳が重んぜられ，その尊厳にふさわしい生活を保障される権利を有することを踏まえ，障害を理由とする差別の解消の推進に関する基本的な事項等を定めることにより，障害を理由とする差別の解消を推進することで，共生社会の実現に資することを目的としている。全ての国民が，障害の有無によって分け隔てられることなく，相互に人格と個性を尊重し合いながら共生する社会を実現するためには，日常生活や社会生活における障害者の活動を制限し，社会への参加を制約している社会的障壁を取り除くことが重要である。このため，法は，後述する，障害者に対する不当な差別的取扱い及び合理的配慮の不提供を差別と規定し，行政機関等及び事業者に対し，差別の解消に向けた具体的取組を求めるとともに，普及啓発活動等を通じて，障害者も含めた国民一人一人が，それぞれの立場において自発的に取り組むことを促している。

特に，法に規定された合理的配慮の提供に当たる行為は，既に社会の様々な場面において日常的に実践されているものもある。こうした取組を広く社会に示しつつ，また，権利条約が採用する，障害者が日常生活又は社会生活において受ける制限は，身体障害，知的障害，精神障害（発達障害及び高次脳機能障害を含む。）その他の心身の機能の障害（難病等に起因する障害を含む。）のみに起因するものではなく，社会における様々な障壁と相対することによって生ずるものとする，いわゆる「社会モデル」の考え方の国民全体への浸透を図ることによって，国民一人一人の障害に関する正しい知識の取得や理解が深まるとともに，障害者や行政機関等・事業者，地域住民といった様々な関係者の建設的対話による協力と合意により，共生社会の実現という共通の目標の実現に向けた取組が推進されることを期待するものである。

(2) 基本方針と対応要領・対応指針との関係

基本方針に即して，国の行政機関の長及び独立行政法人等においては，当該機関の職員の取組に資するための対応要領を，主務大臣においては，事業者における取組に資するための対応指針を作成することとされている。地方公共団体及び公営企業型以外の地方独立行政法人（以下「地方公共団体等」という。）については，地方分権の観点から，対応要領の作成は努力義務とされているが，積極的に取り組むことが望まれる。

対応要領及び対応指針は，法に規定された不当な差別的取扱い及び合理的配慮について，障害種別に応じた具体例も盛り込みながら分かりやすく示しつつ，行政機関等の職員に徹底し，事業者の取組を促進するとともに，広く国民に周知するものとする。

(3) 条例との関係

地方公共団体においては，障害を理由とする差別の解消に向けた条例の制定が進められるなど，各地で障害を理由とする差別の解消に係る気運の高まりが見られるところである。法との関係では，地域の実情に即した既存の条例（いわゆる上乗せ・横出し条例を含む。）については引き続き効力を有し，また，新たに制定することも制限されることはなく，障害者にとって身近な地域において，条例の制定も含めた障害を理由とする差別を解消する取組の推進が望まれる。

第２　行政機関等及び事業者が講ずべき障害を理由とする差別を解消するための措置に関する共通的な事項

１　法の対象範囲

⑴　障害者

対象となる障害者は，法第２条第１号に規定する障害者，即ち，身体障害，知的障害，精神障害（発達障害及び高次脳機能障害を含む。）その他の心身の機能の障害（難病等に起因する障害を含む。）（以下「障害」と総称する。）がある者であって，障害及び社会的障壁により継続的に日常生活又は社会生活に相当な制限を受ける状態にあるものである。これは，障害者基本法第２条第１号に規定する障害者の定義と同様であり，いわゆる「社会モデル」の考え方を踏まえている。したがって，法が対象とする障害者の該当性は，当該者の状況等に応じて個別に判断されることとなり，いわゆる障害者手帳の所持者に限られない。

⑵　事業者

対象となる事業者は，商業その他の事業を行う者（地方公共団体の経営する企業及び公営企業型地方独立行政法人を含み，国，独立行政法人等，地方公共団体及び公営企業型以外の地方独立行政法人を除く。）であり，目的の営利・非営利，個人・法人の別を問わず，同種の行為を反復継続する意思をもって行う者である。したがって，例えば，個人事業者や対価を得ない無報酬の事業を行う者，非営利事業を行う社会福祉法人や特定非営利活動法人も対象となり，また対面やオンラインなどサービス等の提供形態の別も問わない。

⑶　対象分野

法は，日常生活及び社会生活全般に係る分野が広く対象となる。ただし，行政機関等及び事業者が事業主としての立場で労働者に対して行う障害を理由とする差別を解消するための措置については，法第13条により，障害者の雇用の促進等に関する法律（昭和35年法律第123号）の定めるところによることとされている。

2　不当な差別的取扱い

⑴　不当な差別的取扱いの基本的な考え方

ア　法は，障害者に対して，正当な理由なく，障害を理由として，財・サービスや各種機会の提供を拒否する又は提供に当たって場所・時間帯などを制限する，障害者でない者に対しては付さない条件を付けることなどにより，障害者の権利利益を侵害することを禁止している。なお，車椅子，補助犬その他の支援機器等の利用や介助者の付添い等の社会的障壁を解消するための手段の利用等を理由として行われる不当な差別的取扱いも，障害を理由とする不当な差別的取扱いに該当する。

また，障害者の事実上の平等を促進し，又は達成するために必要な特別の措置は，不当な差別的取扱いではない。

イ　したがって，障害者を障害者でない者と比べて優遇する取扱い（いわゆる積極的改善措置），法に規定された障害者に対する合理的配慮の提供による障害者でない者との異なる取扱いや，合理的配慮を提供等するために必要な範囲で，プライバシーに配慮しつつ障害者に障害の状況等を確認することは，不当な差別的取扱いには当たらない。不当な差別的取扱いとは，正当な理由なく，障害者を，問題となる事務・事業について本質的に関係する諸事情が同じ障害者でない者より不利に扱うことである点に留意する必要がある。

⑵　正当な理由の判断の視点

正当な理由に相当するのは，障害者に対して，障害を理由として，財・サービスや各種機会の提供を拒否するなどの取扱いが客観的に見て正当な目的の下に行われたものであり，その目的に照らしてやむを得ないと言える場合である。行政機関等及び事業者においては，正当な理由に相当するか否かについて，個別の事案ごとに，障害者，事業者，第三者の権利利益（例：安全の確保，財産の保全，事業の目的・内容・機能の維持，損害発生の防止等）及び行政機関等の事務・事業の目的・内容・機能の維持等の観点に鑑み，具体的場面や状況に応じて総合的・客観的に判断することが必要である。

正当な理由がなく，不当な差別的取扱いに該当すると考えられる例及び正当な理由があるため，不当な差別的取扱いに該当しないと考えられる例としては，次のようなものがある。なお，記載されている内容はあくまでも例示であり，正当な理由に相当するか否かについては，個別の事案ごとに，前述の観点等を踏まえて判断することが必要であること，正当な理由があり不当な差別的取扱いに該当しない場合であっても，合理的配慮の提供を求められる場合には別途の検討が必要であることに留意する。

（正当な理由がなく，不当な差別的取扱いに該当すると考えられる例）

・障害の種類や程度，サービス提供の場面における本人や第三者の安全性などについて考慮することなく，漠然とした安全上の問題を理由に施設利用を拒否すること。

・業務の遂行に支障がないにもかかわらず，障害者でない者とは異なる場所での対応を行うこと。

・障害があることを理由として，障害者に対して，言葉遣いや接客の態度など一律に接遇の質を下げること。

・障害があることを理由として，具体的場面や状況に応じた検討を行うことなく，障害者に対し一律に保護者や支援者・介助者の同伴をサービスの利用条件とすること。

（正当な理由があるため，不当な差別的取扱いに該当しないと考えられる例）

・実習を伴う講座において，実習に必要な作業の遂行上具体的な危険の発生が見込まれる障害特性のある障害者に対し，当該実習とは別の実習を設定すること。（障害者本人の安全確保の観点）

・飲食店において，車椅子の利用者が畳敷きの個室を希望した際に，敷物を敷く等，畳を保護するための対応を行うこと。（事業者の損害発生の防止の観点）

・銀行において口座開設等の手続を行うため，預金者となる障害者本人に同行した者が代筆をしようとした際に，必要な範囲で，プライバシーに配慮しつつ，障害者本人に対し障害の状況や本人の取引意思等を確認すること。（障害者本人の財産の保

全の観点）

・電動車椅子の利用者に対して，通常よりも搭乗手続や保安検査に時間を要することから，十分な研修を受けたスタッフの配置や関係者間の情報共有により所要時間の短縮を図った上で必要最小限の時間を説明するとともに，搭乗に間に合う時間に空港に来てもらうよう依頼すること。（事業の目的・内容・機能の維持の観点）

行政機関等及び事業者は，正当な理由があると判断した場合には，障害者にその理由を丁寧に説明するものとし，理解を得るよう努めることが望ましい。その際，行政機関等及び事業者と障害者の双方が，お互いに相手の立場を尊重しながら相互理解を図ることが求められる。

3　合理的配慮

(1)　合理的配慮の基本的な考え方

ア　権利条約第２条において，「合理的配慮」は，「障害者が他の者との平等を基礎として全ての人権及び基本的自由を享有し，又は行使することを確保するための必要かつ適当な変更及び調整であって，特定の場合において必要とされるものであり，かつ，均衡を失した又は過度の負担を課さないもの」と定義されている。

法は，権利条約における合理的配慮の定義を踏まえ，行政機関等及び事業者に対し，その事務・事業を行うに当たり，個々の場面において，障害者から現に社会的障壁の除去を必要としている旨の意思の表明があった場合において，その実施に伴う負担が過重でないときは，障害者の権利利益を侵害することとならないよう，社会的障壁の除去の実施について，必要かつ合理的な配慮を行うこと（以下「合理的配慮」という。）を求めている。合理的配慮は，障害者が受ける制限は，障害のみに起因するものではなく，社会における様々な障壁と相対することによって生ずるものとのいわゆる「社会モデル」の考え方を踏まえたものであり，障害者の権利利益を侵害することとならないよう，障害者が個々の場面において必要としている社会的障壁を除去するための必要かつ合理的な取組であり，その実施に伴う負担が過重でないものである。

イ　合理的配慮は，障害の特性や社会的障壁の除去が求められる具体的場面や状況に応じて異なり，多様かつ個別性の高いものである。また，その内容は，後述する「環境の整備」に係る状況や，技術の進展，社会情勢の変化等に応じて変わり得るものである。

合理的配慮は，行政機関等及び事業者の事務・事業の目的・内容・機能に照らし，必要とされる範囲で本来の業務に付随するものに限られること，障害者でない者との比較において同等の機会の提供を受けるためのものであること，事務・事業の目的・内容・機能の本質的な変更には及ばないことに留意する必要がある。その提供に当たってはこれらの点に留意した上で，当該障害者が現に置かれている状況を踏まえ，社会的障壁の除去のための手段及び方法について，当該障害者本人の意向を尊重しつつ「⑵過重な負担の基本的な考え方」に掲げた要素も考慮し，代替措置の選択も含め，双方の建設的対話による相互理解を通じて，必要かつ合理的な範囲で柔軟に対応がなされる必要がある。

建設的対話に当たっては，障害者にとっての社会的障壁を除去するための必要かつ実現可能な対応案を障害者と行政機関等・事業者が共に考えていくために，双方がお互いの状況の理解に努めることが重要である。例えば，障害者本人が社会的障壁の除去のために普段講じている対策や，行政機関等や事業者が対応可能な取組等を対話の中で共有する等，建設的対話を通じて相互理解を深め，様々な対応策を柔軟に検討していくことが円滑な対応に資すると考えられる。

ウ　現時点における合理的配慮の一例としては以下の例が挙げられる。なお，記載されている内容はあくまでも例示であり，あらゆる事業者が必ずしも実施するものではないこと，以下の例以外であっても合理的配慮に該当するものがあることに留意する。

（合理的配慮の例）

・車椅子利用者のために段差に携帯スロープを渡す，高い所に陳列された商品を取って渡すなどの物理的環境に係る対応を行うこと。
・筆談，読み上げ，手話，コミュニケーションボードの活用などによるコミュニケーション，振り仮名や写真，イラストなど分かりやすい表現を使って説明をするなどの意思疎通に係る対応を行うこと。

・障害の特性に応じた休憩時間の調整や必要なデジタル機器の使用の許可などのルール・慣行の柔軟な変更を行うこと。
・店内の単独移動や商品の場所の特定が困難な障害者に対し，店内移動と買物の支援を行うこと。

また，合理的配慮の提供義務違反に該当すると考えられる例及び該当しないと考えられる例としては，次のようなものがある。なお，記載されている内容はあくまでも例示であり，合理的配慮の提供義務違反に該当するか否かについては，個別の事案ごとに，前述の観点等を踏まえて判断することが必要であることに留意する。

（合理的配慮の提供義務違反に該当すると考えられる例）
・試験を受ける際に筆記が困難なためデジタル機器の使用を求める申出があった場合に，デジタル機器の持込みを認めた前例がないことを理由に，必要な調整を行うことなく一律に対応を断ること。
・イベント会場内の移動に際して支援を求める申出があった場合に，「何かあったら困る」という抽象的な理由で具体的な支援の可能性を検討せず，支援を断ること。
・電話利用が困難な障害者から電話以外の手段により各種手続が行えるよう対応を求められた場合に，自社マニュアル上，当該手続は利用者本人による電話のみで手続可能とすることとされていることを理由として，メールや電話リレーサービスを介した電話等の代替措置を検討せずに対応を断ること。
・自由席での開催を予定しているセミナーにおいて，弱視の障害者からスクリーンや板書等がよく見える席でのセミナー受講を希望する申出があった場合に，事前の座席確保などの対応を検討せずに「特別扱いはできない」という理由で対応を断ること。

（合理的配慮の提供義務に反しないと考えられる例）
・飲食店において，食事介助等を求められた場合に，当該飲食店が当該業務を事業の一環として行っていないことから，その提供を断ること。（必要とされる

範囲で本来の業務に付随するものに限られることの観点）

・抽選販売を行っている限定商品について，抽選申込みの手続を行うことが困難であることを理由に，当該商品をあらかじめ別途確保しておくよう求められた場合に，当該対応を断ること。（障害者でない者との比較において同等の機会の提供を受けるためのものであることの観点）

・オンライン講座の配信のみを行っている事業者が，オンラインでの集団受講では内容の理解が難しいことを理由に対面での個別指導を求められた場合に，当該対応はその事業の目的・内容とは異なるものであり，対面での個別指導を可能とする人的体制・設備も有していないため，当該対応を断ること。（事務・事業の目的・内容・機能の本質的な変更には及ばないことの観点）

・小売店において，混雑時に視覚障害者から店員に対し，店内を付き添って買物の補助を求められた場合に，混雑時のため付添いはできないが，店員が買物リストを書き留めて商品を準備することができる旨を提案すること。（過重な負担（人的・体制上の制約）の観点）

また，合理的配慮の提供に当たっては，障害者の性別，年齢，状態等に配慮するものとし，特に障害のある女性に対しては，障害に加えて女性であることも踏まえた対応が求められることに留意する。

エ　意思の表明に当たっては，具体的場面において，社会的障壁の除去を必要としている状況にあることを言語（手話を含む。）のほか，点字，拡大文字，筆談，実物の提示や身振りサイン等による合図，触覚による意思伝達など，障害者が他人とコミュニケーションを図る際に必要な手段（通訳を介するものを含む。）により伝えられる。その際には，社会的障壁を解消するための方法等を相手に分かりやすく伝えることが望ましい。

また，障害者からの意思表明のみでなく，障害の特性等により本人の意思表明が困難な場合には，障害者の家族，介助者等，コミュニケーションを支援する者が，本人を補佐して行う意思の表明も含む。なお，意思の表明が困難な障害者が，家族や支援者・介助者等を伴っていない場合など，意思の表明がない場合であっても，当該障害者が社会的障壁の除去を必要としていることが明白である場合には，法の趣旨に鑑みれば，当該障害者に対して適切と思われる配慮を提案するために建設的対話を働きかけるなど，自主的な取組に努めることが望ましい。

⑵　過重な負担の基本的な考え方

過重な負担については，行政機関等及び事業者において，個別の事案ごとに，以下の要素等を考慮し，具体的場面や状況に応じて総合的・客観的に判断することが必要である。行政機関等及び事業者は，過重な負担に当たると判断した場合は，障害者に丁寧にその理由を説明するものとし，理解を得るよう努めることが望ましい。その際には前述のとおり，行政機関等及び事業者と障害者の双方が，お互いに相手の立場を尊重しながら，建設的対話を通じて相互理解を図り，代替措置の選択も含めた対応を柔軟に検討することが求められる。

○事務・事業への影響の程度（事務・事業の目的・内容・機能を損なうか否か）

○実現可能性の程度（物理的・技術的制約，人的・体制上の制約）

○費用・負担の程度

○事務・事業規模

○財政・財務状況

⑶　環境の整備との関係

ア　環境の整備の基本的な考え方

法は，個別の場面において，個々の障害者に対して行われる合理的配慮を的確に行うための不特定多数の障害者を主な対象として行われる事前的改善措置（施設や設備のバリアフリー化，意思表示やコミュニケーションを支援するためのサービス・介助者等の人的支援，障害者による円滑な情報の取得・利用・発信のための情報アクセシビリティの向上等）を，環境の整備として行政機関等及び事業者の努力義務としている。環境の整備においては，新しい技術開発が投資負担の軽減をもたらすこともあることから，技術進歩の動向を踏まえた取組が期待される。また，ハード面のみならず，職員に対する研修や，規定の整備等の対応も含まれることが重要である。

障害を理由とする差別の解消のための取組は，法や高齢者，障害者等の移動等の円滑化の促進に関する法律（平成18年法律第91号）等不特定多数の障害者を対象とした事前的な措置を規定する法令に基づく環境の整備に係る施策や取組を着実に進め，環境の整備と合理的配慮の提供を両輪として進めることが重要である。

イ　合理的配慮と環境の整備

環境の整備は，不特定多数の障害者向けに事前的改善措置を行うものであるが，合理的配慮は，環境の整備を基礎として，その実施に伴う負担が過重でない場合に，特定の障害者に対して，個別の状況に応じて講じられる措置である。したがって，各場面における環境の整備の状況により，合理的配慮の内容は異なることとなる。

合理的配慮の提供と環境の整備の関係に係る一例としては以下の例が挙げられる。

・障害者から申込書類への代筆を求められた場合に円滑に対応できるよう，あらかじめ申込手続における適切な代筆の仕方について店員研修を行う（環境の整備）とともに，障害者から代筆を求められた場合には，研修内容を踏まえ，本人の意向を確認しながら店員が代筆する（合理的配慮の提供）。
・オンラインでの申込手続が必要な場合に，手続を行うためのウェブサイトが障害者にとって利用しづらいものとなっていることから，手続に際しての支援を求める申出があった場合に，求めに応じて電話や電子メールでの対応を行う（合理的配慮の提供）とともに，以後，障害者がオンライン申込みの際に不便を感じることのないよう，ウェブサイトの改良を行う（環境の整備）。

なお，多数の障害者が直面し得る社会的障壁をあらかじめ除去するという観点から，他の障害者等への波及効果についても考慮した環境の整備を行うことや，相談・紛争事案を事前に防止する観点からは合理的配慮の提供に関する相談対応等を契機に，行政機関等及び事業者の内部規則やマニュアル等の制度改正等の環境の整備を図ることは有効である。また環境の整備は，障害者との関係が長期にわたる場合においても，その都度の合理的配慮の提供が不要となるという点で，中・長期的なコストの削減・効率化にも資することとなる。

第３　行政機関等が講ずべき障害を理由とする差別を解消するための措置に関する基本的な事項

１　基本的な考え方

行政機関等においては，その事務・事業の公共性に鑑み，障害を理由とする差別の解消に率先して取り組む主体として，不当な差別的取扱いの禁止及び合理的配慮の提供が法的義務とされており，国の行政機関の長及び独立行政法人等は，当該機関の職員による取組を確実なものとするため，対応要領を定めることとされている。行政機関等における差別禁止を確実なものとするためには，差別禁止に係る具体的取組と併せて，相談窓口の明確化，職員の研修・啓発の機会の確保等を徹底することが重要であり，対応要領においてこの旨を明記するものとする。

２　対応要領

⑴　対応要領の位置付け及び作成・変更手続

対応要領は，行政機関等が事務・事業を行うに当たり，職員が遵守すべき服務規律の一環として定められる必要があり，国の行政機関であれば，各機関の長が定める訓令等が，また，独立行政法人等については，内部規則の様式に従って定められることが考えられる。

国の行政機関の長及び独立行政法人等は，対応要領の作成・変更に当たり，障害者その他の関係者を構成員に含む会議の開催，障害者団体等からのヒアリングなど，障害者その他の関係者の意見を反映させるために必要な措置を講ずるとともに，作成等の後は，対応要領を公表しなければならない。

⑵　対応要領の記載事項

対応要領の記載事項としては，以下のものが考えられる。なお，具体例を記載する際には，障害特性や年齢，性別，具体的な場面等を考慮したものとなるよう留意することとする。

○趣旨

○障害を理由とする不当な差別的取扱い及び合理的配慮の基本的な考え方

○障害を理由とする不当な差別的取扱い及び合理的配慮の具体例

○相談体制の整備

○職員への研修・啓発

３　地方公共団体等における対応要領に関する事項

地方公共団体等における対応要領の作成については，地方分権の趣旨に鑑み，法においては努力義務とされている。地方公共団体等において対応要領を作成・変更する場合には，２(1)及び(2)に準じて行われることが望ましい。国は，地方公共団体等における対応要領の作成等に関し，適時に資料・情報の提供，技術的助言など，所要の支援措置を講ずること等により協力しなければならない。

第４　事業者が講ずべき障害を理由とする差別を解消するための措置に関する基本的な事項

１　基本的な考え方

事業者については，令和３年の法改正により，合理的配慮の提供が法的義務へと改められた。これを契機として，事業者においては，各主務大臣が作成する対応指針に基づき，合理的配慮の必要性につき一層認識を深めることが求められる。主務大臣においては，所掌する分野の特性を踏まえたきめ細かな対応を行うものとする。各事業者における取組については，障害を理由とする差別の禁止に係る具体的取組はもとより，相談窓口の整備，事業者の研修・啓発の機会の確保，個別事案への対応を契機とした障害を理由とする差別の解消の推進に資する内部規則やマニュアルなど制度等の整備等も重要であり，対応指針の作成・変更に当たっては，この旨を明記するものとする。

２　対応指針

(1)　対応指針の位置付け及び作成・変更手続

主務大臣は，個別の場面における事業者の適切な対応・判断に資するための対応指針を作成するものとされている。作成・変更に当たっては，障害者や事業者等を構成員に含む会議の開催，障害者団体や事業者団体等からのヒアリングなど，障害者その他の関係者の意見を反映させるために必要な措置を講ずるとともに，作成等の後は，対応指針を公表しなければならない。

対応指針は事業者の適切な判断に資するために作成されるものであり，盛り込まれる合理的配慮の具体例は，事業者に強制する性格のものではなく，また，それだけに限られるものではない。事業者においては，対応指針を踏まえ，具体的場面や状況に応じて柔軟に対応することが期待される。

また，対応指針は事業者に加え，障害者が相談を行う際や，国や地方公共団体における相談機関等が相談対応を行う際等にも，相談事案に係る所管府省庁の確認のため参照され得るものであることから，対応指針においては，各主務大臣が所掌する分野及び当該分野に対応する相談窓口を分かりやすく示すことが求められる。

⑵　対応指針の記載事項

対応指針の記載事項としては，以下のものが考えられる。なお，具体例を記載する際には，障害特性や年齢，性別，具体的な場面等を考慮したものとなるよう留意することとする。

○趣旨

○障害を理由とする不当な差別的取扱い及び合理的配慮の基本的な考え方

○障害を理由とする不当な差別的取扱い及び合理的配慮の具体例

○事業者における相談体制の整備

○事業者における研修・啓発，障害を理由とする差別の解消の推進に資する制度等の整備

○国の行政機関（主務大臣）における所掌する分野ごとの相談窓口

3　主務大臣による行政措置

事業者における障害を理由とする差別の解消に向けた取組は，主務大臣の定める対応指針を参考にして，各事業者により自主的に取組が行われることが期待される。しかしながら，事業者による自主的な取組のみによっては，その適切な履行が確保され

ず，例えば，事業者が法に反した取扱いを繰り返し，自主的な改善を期待することが困難である場合などには，主務大臣は，法第12条に基づき，特に必要があると認められるときは，事業者に対し，報告を求め，又は助言，指導若しくは勧告をすることができることとされている。また，障害を理由とする差別の解消の推進に関する法律施行令（平成28年政令第32号。以下「施行令」という。）第３条により，各事業法等における監督権限に属する事務を地方公共団体の長等が行うこととされているときは，法第12条に規定する主務大臣の権限に属する事務についても，当該地方公共団体の長等が行うこととされている。この場合であっても，障害を理由とする差別の解消に対処するため特に必要があると認めるときは，主務大臣が自らその事務を行うことは妨げられていない。

こうした行政措置に至る事案を未然に防止するため，主務大臣は，事業者に対して，対応指針に係る十分な情報提供を行うとともに，事業者からの照会・相談に丁寧に対応するなどの取組を積極的に行うものとする。特に，事業者による合理的配慮の提供の義務化に伴い，事業者から様々な相談が寄せられることが見込まれることから，円滑な相談対応等が可能となるよう，各主務大臣は，相談事案に関係する他の主務大臣や地方公共団体など関係機関との連携を十分に図ること等が求められる。また，主務大臣による行政措置に当たっては，事業者における自主的な取組を尊重する法の趣旨に沿って，まず，報告徴収，助言，指導により改善を促すことを基本とする必要がある。主務大臣が事業者に対して行った助言，指導及び勧告については，取りまとめて，毎年国会に報告するものとする。

第５　国及び地方公共団体による障害を理由とする差別を解消するための支援措置の実施に関する基本的な事項

1　相談及び紛争の防止等のための体制の整備

⑴　障害を理由とする差別に関する相談対応の基本的な考え方

法第14条において，国及び地方公共団体は，障害者及びその家族その他の関係者からの障害を理由とする差別に関する相談に的確に応ずるとともに，障害を理由とする差別に関する紛争の防止又は解決を図ることができるよう，人材の育成及び確保のための措置その他の必要な体制の整備を図るものとされている。

障害を理由とする差別の解消を効果的に推進するには，公正・中立な立場である相談窓口等の担当者が，障害者や事業者等からの相談等に的確に応じることが必要である。

国においては，主務大臣がそれぞれの所掌する分野ごとに法第12条に基づく権限を有しており，各府省庁において所掌する分野に応じた相談対応を行っている。また，地方公共団体においては，障害を理由とする差別の解消に関する相談につき分野を問わず一元的に受け付ける窓口や相談員を配置して対応する例，各部署・機関の窓口で対応する例などがある。

相談対応の基本的なプロセスとしては，以下のような例が考えられる。相談対応過程では相談者及びその相手方から丁寧な事実確認を行った上で，相談窓口や関係部局において対応方針の検討等を行い，建設的対話による相互理解を通じて解決を図ることが望ましい。その際には，障害者の性別，年齢，状態等に配慮するとともに，個人情報の適正な取扱いを確保することが重要である。なお，相談窓口等の担当者とは別に，必要に応じて，相談者となる障害者や事業者に寄り添い，相談に際して必要な支援を行う役割を担う者を置くことも円滑な相談対応に資すると考えられる。

その上で，基本的な対応での解決が難しい場合は，事案の解決・再発防止に向けた次の段階の取組として，国においては，法第12条に基づく主務大臣による行政措置や，地方公共団体においては，前述の施行令第３条に基づく措置のほか，一部の地方公共団体において条例で定められている報告徴収，助言，指導，勧告，公表などの措置や紛争解決のための措置による対応が考えられる。

（相談対応のプロセスの例）

○相談者への丁寧な事実確認

○関係者（関係部局）における情報共有，対応方針の検討

○相手方への丁寧な事実確認

○関係者（関係部局）における情報共有，事案の評価分析，対応方針の検討

○相談者と相手方との調整，話合いの場の設定

なお，障害を理由とする差別に関する相談を担うこととされている窓口のみならず，

日常的に障害者や事業者と関わる部局等も相談の一次的な受付窓口としての機能を担い得ることに留意する。

⑵　国及び地方公共団体の役割分担並びに連携・協力に向けた取組

国及び地方公共団体には，様々な障害を理由とする差別の解消のための相談窓口等が存在している。法は，新たな機関は設置せず，既存の機関等の活用・充実を図ることとしているところ，差別相談の特性上，個々の相談者のニーズに応じた相談窓口等の選択肢が複数あることは望ましく，国及び地方公共団体においては，適切な役割分担の下，相談窓口等の間の連携・協力により業務を行うことで，障害を理由とする差別の解消に向けて，効率的かつ効果的に対応を行うことが重要である。

相談対応等に際しては，地域における障害を理由とする差別の解消を促進し，共生社会の実現に資する観点から，まず相談者にとって一番身近な市区町村が基本的な窓口の役割を果たすことが求められる。都道府県は，市区町村への助言や広域的・専門的な事案についての支援・連携を行うとともに，必要に応じて一次的な相談窓口等の役割を担うことが考えられる。また，国においては各府省庁が所掌する分野に応じて相談対応等を行うとともに，市区町村や都道府県のみでは対応が困難な事案について，適切な支援等を行う役割を担うことが考えられる。

相談対応等においては，このような国・都道府県・市区町村の役割分担を基本としつつ，適切な関係機関との間で必要な連携・協力がなされ，国及び地方公共団体が一体となって適切な対応を図ることができるような取組を，内閣府が中心となり，各府省庁や地方公共団体と連携して推進することが重要である。このため内閣府においては，事業分野ごとの相談窓口の明確化を各府省庁に働きかけ，当該窓口一覧の作成・公表を行うほか，障害者や事業者，都道府県・市区町村等からの相談に対して法令の説明や適切な相談窓口等につなぐ役割を担う国の相談窓口について検討を進め，どの相談窓口等においても対応されないという事案が生じることがないよう取り組む。また，⑶の各相談窓口等に従事する人材の確保・育成の支援及び３の事例の収集・整理・提供を通じた相談窓口等の対応力の強化等にも取り組むこととする。

(3) 人材の確保・育成

障害を理由とする差別に関する相談の解決を図るためには，障害者や事業者等からの相談を適切に受け止め，対応する人材の確保・育成が重要である。相談対応を行う人材は，公正中立な立場から相談対応を行うとともに，法や解決事例に関する知識，当事者間を調整する能力，連携・協力すべき関係機関に関する知識，障害特性に関する知識等が備わっていることが望ましい。国及び地方公共団体においては，必要な研修の実施等を通じて，相談対応を行う人材の専門性向上，相談対応業務の質向上を図ることが求められる。人材育成に係る取組に格差が生じることのないよう，内閣府においては，相談対応を担う人材育成に係る研修の実施を支援すること等を通じ，国及び地方公共団体における人材育成の取組を推進することとする。

2　啓発活動

障害を理由とする差別については，国民一人一人の障害に関する知識・理解の不足，意識の偏りに起因する面が大きいと考えられる。全ての国民が障害の有無によって分け隔てられることなく，相互に人格と個性を尊重し合いながら共生する社会を実現するためには，障害者に対する障害を理由とする差別は解消されなければならないこと，また障害を理由とする差別が，本人のみならずその家族等にも深い影響を及ぼすことを国民一人一人が認識するとともに，障害を理由とする差別の解消のための取組は，障害者のみならず，全ての国民にとっての共生社会の実現に資するものであることについて，理解を深めることが不可欠である。このため，内閣府を中心に，関係行政機関等と連携して，いわゆる「社会モデル」の考え方も含めた各種啓発活動に積極的に取り組み，国民各層の障害に関する理解を促進するものとする。また，各種啓発活動や研修等の実施に当たっては，障害のある女性は，障害があることに加えて女性であることにより合理的配慮の提供を申し出る場面等において機会が均等に得られなかったり，不当な差別的取扱いを受けやすかったりする場合があるといった意見があること，障害のある性的マイノリティについても同様の意見があること，障害のあるこどもには，成人の障害者とは異なる支援の必要性があることについても理解を促す必要があることに留意する。

⑴　行政機関等における職員に対する研修

行政機関等においては，所属する職員一人一人が障害者に対して適切に対応し，また，障害者や事業者等からの相談等に的確に対応するため，法や基本方針，対応要領・対応指針の周知徹底，障害者から話を聞く機会を設けるなどの各種研修等を実施することにより，職員の障害に関する理解の促進を図るものとする。

⑵　事業者における研修

事業者においては，障害者に対して適切に対応し，また，障害者及びその家族その他の関係者からの相談等に的確に対応するため，研修等を通じて，法や基本方針，対応指針の普及を図るとともに，障害に関する理解の促進に努めるものとする。内閣府においては，障害者の差別解消に向けた理解促進のためのポータルサイトにおいて，事業者が障害者に対応する際に参考となる対応例等の提供を通じ，事業者を含め社会全体における障害を理由とする差別の解消に向けた理解や取組の進展を図ることとする。

⑶　地域住民等に対する啓発活動

ア　国民一人一人が法の趣旨について理解を深め，建設的対話を通じた相互理解が促進されるよう，障害者も含め，広く周知・啓発を行うことが重要である。このため，内閣府を中心に，関係省庁，地方公共団体，事業者，障害者団体，マスメディア等の多様な主体との連携により，インターネットを活用した情報提供，ポスターの掲示，パンフレットの作成・配布，法の説明会やシンポジウム等の開催など，アクセシビリティにも配慮しつつ，多様な媒体を用いた周知・啓発活動に積極的に取り組む。

イ　障害のあるこどもが，幼児教育の段階からその年齢及び能力に応じ，可能な限り障害のないこどもと共に，その特性を踏まえた十分な教育を受けることのできる，権利条約が求めるインクルーシブ教育システムの構築を推進しつつ，家庭や学校を始めとする社会のあらゆる機会を活用し，こどもの頃から年齢を問わず障害に関する知識・理解を深め，全ての障害者が，障害者でない者と等しく，基本的人権を享有する個人であることを認識し，障害の有無にかかわらず共に助け合い・学び合う精神を涵養する。障害のないこどもの保護者に対する働きかけも重要である。

ウ　国は，グループホーム等を含む，障害者関連施設の認可等に際して，周辺住民の同意を求める必要がないことを十分に周知するとともに，地方公共団体においては，当該認可等に際して，周辺住民の同意を求める必要がないことに留意しつつ，住民の理解を得るために積極的な啓発活動を行うことが望ましい。

3　情報の収集，整理及び提供

障害を理由とする差別の解消を推進するためには，事例の共有等を通じて障害を理由とする不当な差別的取扱いや合理的配慮の考え方等に係る共通認識の形成を図ることも重要である。内閣府では，引き続き各府省庁や地方公共団体と連携・協力して事例を収集するとともに，参考となる事案の概要等を分かりやすく整理してデータベース化し，ホームページ等を通じて公表・提供することとする。

事例の収集・整理に当たっては，個人情報の適正な取扱いを確保しつつ，特に障害のある女性やこども等に対し実態を踏まえた適切な措置の実施が可能となるよう，性別や年齢等の情報が収集できるように努めることとする。あわせて，海外の法制度や差別解消のための取組に係る調査研究等を通じ，権利条約に基づき設置された，障害者の権利に関する委員会を始めとする国際的な動向や情報の集積を図るものとする。

4　障害者差別解消支援地域協議会

⑴　趣旨

障害を理由とする差別の解消を効果的に推進するには，障害者にとって身近な地域において，主体的な取組がなされることが重要である。地域において日常生活，社会生活を営む障害者の活動は広範多岐にわたり，相談等を行うに当たっては，どの機関がどのような権限を有しているかは必ずしも明らかではない場合があり，また，相談等を受ける機関においても，相談内容によっては当該機関だけでは対応できない場合がある。このため，国の地方支分部局を含め，地域における様々な関係機関が，相談事例等に係る情報の共有・協議を通じて，各自の役割に応じた事案解決のための取組や類似事案の発生防止の取組など，地域における障害を理由とする差別の解消の機運醸成を図り，それぞれの実情に応じた差別の解消のための取組を主体的に行うネットワークとして，障害者差別解消支援地域協議会（以下「協議会」という。）を組織することができることとされている。協議会については，障害者及びその家族の参画を進めるとともに，性別・年齢，障害種別等を考慮して組織することが望ましい。また，情報やノウハウを共有し，関係者が一体となって事案に取り組むという観点から，地域の事業者や事業者団体についても協議会に参画することが有効である。内閣府においては，協議会の設置状況等について公表するものとする。

⑵　期待される役割

協議会に期待される役割としては，関係機関から提供された相談事例等について，適切な相談窓口を有する機関の紹介，具体的事案の対応例の共有・協議，協議会の構成機関等における調停，斡旋等の様々な取組による紛争解決，複数の機関で紛争解決等に対応することへの後押し等が考えられる。このほか，関係機関において紛争解決に至った事例や合理的配慮の具体例，相談事案から合理的配慮に係る環境の整備を行うに至った事例などの共有・分析を通じて，構成機関等における業務改善，事案の発生防止のための取組，周知・啓発活動に係る協議等を行うことも期待される。

⑶　設置促進等に向けた取組

各地方公共団体における協議会の設置促進のためには，協議会の単独設置が困難な場合等に，必要に応じて圏域単位など複数の市区町村による協議会の共同設置・運営を検討することや，必要な構成員は確保しつつ，他の協議会等と一体的に運営するなど開催形式を柔軟に検討することが効果的と考えられる。

また，市区町村における協議会の設置等の促進に当たっては都道府県の役割が重要であり，都道府県においては，管内市区町村における協議会の設置・実施状況の把握や好事例の展開等を通じて，市区町村における取組のバックアップを積極的に行うことが望ましい。加えて，都道府県において組織される協議会においても，紛争解決等に向けた取組について，市区町村において組織される協議会を補完・支援する役割が期待される。内閣府においても，地方公共団体の担当者向けの研修の実施を通じ，地域における好事例が他の地域において共有されるための支援を行うなど，体制整備を促進する。

第6　その他障害を理由とする差別の解消の推進に関する施策に関する重要事項

技術の進展，社会情勢の変化等は，特に，合理的配慮について，その内容，程度等に大きな進展をもたらし，また，実施に伴う負担を軽減し得るものであり，こうした動向や不当な差別的取扱い及び合理的配慮の具体例の集積等を踏まえるとともに，国際的な動向も勘案しつつ，必要に応じて，基本方針，対応要領及び対応指針を見直し，適時，充実を図るものとする。基本方針の見直しに当たっては，あらかじめ，障害者その他の関係者の意見を反映させるために必要な措置を講ずるとともに，障害者政策委員会の意見を聴かなければならない。対応要領及び対応指針の見直しに当たっても，障害者その他の関係者の意見を反映させるために必要な措置を講じなければならない。

行政機関等においては，各種の国家資格の取得等において障害者に不利が生じないよう，高等教育機関に対し，入学試験の実施や国家資格試験の受験資格取得に必要な単位の修得に係る試験の実施等において合理的配慮の提供を促すとともに，国家資格試験の実施等に当たり，障害特性に応じた合理的配慮を提供する。民間資格の試験を実施する事業者に対しても同様に，試験の実施等に当たっての合理的配慮の提供を促す。また，いわゆる欠格条項について，各制度の趣旨や，技術の進展，社会情勢の変化等を踏まえ，適宜，必要な見直しを検討するものとする。

附則

この基本方針は，障害を理由とする差別の解消の推進に関する法律の一部を改正する法律の施行の日から適用する。

【巻末資料3】

身体障害者福祉法（昭和24年法律第283号）

別表（第４条，第15条，第16条関係）

一　次に掲げる視覚障害で，永続するもの

1．両眼の視力（万国式試視力表によって測ったものをいい，屈折異常がある者については，矯正視力について測ったものをいう。以下同じ。）がそれぞれ0.1以下のもの

2．一眼の視力が0.02以下，他眼の視力が0.6以下のもの

3．両眼の視野がそれぞれ10度以内のもの

4．両眼による視野の２分の１以上が欠けているもの

二　次に掲げる聴覚又は平衡機能の障害で，永続するもの

1．両耳の聴力レベルがそれぞれ70デシベル以上のもの

2．一耳の聴力レベルが90デシベル以上，他耳の聴力レベルが五〇デシベル以上のもの

3．両耳による普通話声の最良の語音明瞭度が50パーセント以下のもの

4．平衡機能の著しい障害

三　次に掲げる音声機能，言語機能又はそしゃく機能の障害

1．音声機能，言語機能又はそしゃく機能の喪失

2．音声機能，言語機能又はそしゃく機能の著しい障害で，永続するもの

四　次に掲げる肢体不自由

1．一上肢，一下肢又は体幹の機能の著しい障害で，永続するもの

2．一上肢のおや指を指骨間関節以上で欠くもの又はひとさし指を含めて一上肢の二指以上をそれぞれ第一指骨間関節以上で欠くもの

3．一下肢をリスフラン関節以上で欠くもの

4．両下肢のすべての指を欠くもの

5．一上肢のおや指の機能の著しい障害又はひとさし指を含めて一上肢の三指以上の機能の著しい障害で，永続するもの

6．１から５までに掲げるもののほか，その程度が１から５までに掲げる障害の

程度以上であると認められる障害

五　心臓，じん臓又は呼吸器の機能の障害その他政令で定める障害で，永続し，かつ，日常生活が著しい制限を受ける程度であると認められるもの

【巻末資料4】

身体障害者福祉法施行令（昭和25年政令第78号）

第36条（政令で定める障害）

法別表第五号に規定する政令で定める障害は，次に掲げる機能の障害とする。

一　ぼうこう又は直腸の機能

二　小腸の機能

三　ヒト免疫不全ウイルスによる免疫の機能

四　肝臓の機能

【巻末資料５】

障害者関係の法律等の流れ

日付	概要
1948年（昭和23年）	国連で世界人権宣言が採択
1949年（昭和24年）12月	身体障害者福祉法の公布 ※施行日は1950年（昭和25年）４月１日
1950年（昭和25年）5月	精神衛生法（現：精神保健福祉法[1]）の公布 ※
1960年（昭和35年）3月	精神薄弱者福祉法（現：知的障害者福祉法）の公布 ※施行日は同年４月１日
1970年（昭和45年）5月	心身障害者対策基本法の公布・施行
1971年（昭和46年）	国連で知的障害者の権利宣言が決議
1975年（昭和50年）	国連で障害者の権利宣言が決議
1981年（昭和55年）	国連が1981年を国際障害者年と宣言
1983年（昭和57年）	「国連障害者の10年」開始年（～1992年（平成４年））
1987年（昭和62年）9月	精神衛生法から精神保健法へ改正
1993年（平成５年）	「アジア太平洋障害者の10年」開始年（～2002年（平成14年））
1993年（平成５年）12月	心身障害者対策基本法から障害者基本法へ改正
1995年（平成７年）5月	精神保健法を精神保健福祉法に改正
1995年（平成７年）12月	障害者プラン～ノーマライゼーション７か年戦略～が策定
1998年（平成10年）9月	精神薄弱者福祉法から知的障害者福祉法へ改正
2002年（平成14年）12月	新障害者プランが策定
2005年（平成17年）7月	障害者雇用促進法[2]の改正法の公布 ※施行日は翌年４月１日（一部を除く）

1　正式名称：精神保健及び精神障害者福祉に関する法律
2　正式名称：障害者の雇用の促進等に関する法律

2005年（平成17年）11月	障害者自立支援法の公布 ※施行日は2006年（平成18年）４月１日（一部を除く）
2006年（平成18年）12月	第61回国連総会において障害者権利条約が採択
2007年（平成19年）9月	日本が障害者権利条約に署名
2008年（平成20年）5月	障害者権利条約が発効（日本では未発効）
2009年（平成21年）12月	内閣総理大臣を中心とする「障がい者制度改革推進本部」の設置
2011年（平成23年）8月	障害者基本法の改正法の公布・施行（一部を除く）
2011年（平成23年）6月	障害者虐待防止法[3]の公布 ※施行日は翌年10月１日
2011年（平成23年）8月	障害者基本法の改正法の公布・施行
2012年（平成24年）6月	児童福祉法の改正法の施行 ・障害児通所支援・障害児相談支援の創設
2012年（平成24年）6月	障害者総合支援法の公布 ※翌年４月１日から段階的に施行
2012年（平成24年）6月	障害者優先調達推進法の公布 ※施行日は翌年４月１日
2012年（平成24年）10月	障害者虐待防止法の施行
2013年（平成25年）4月	障害者総合支援法[4]が段階的に施行 ※障害者自立支援法を障害者総合支援法に改正
2013年（平成25年）6月	障害者雇用促進法[5]の改正法の公布 ※施行日は2016年（平成28年）４月１日
2013年（平成25年）6月	精神保健福祉法の改正法の公布 ※施行日は翌年４月１日
2013年（平成25年）6月	障害者差別解消法の公布 ※施行日は2016年（平成28年）４月１日

3　正式名称：障害者虐待の防止，障害者の養護者に対する支援等に関する法律
4　正式名称：障害者の日常生活及び社会生活を総合的に支援するための法律
5　法定雇用率が５年に一度見直されるため，定期的に改正が行われます。

2014年（平成26年） 1月	日本が障害者権利条約を批准
2014年（平成26年） 2月	障害者権利条約が日本国内について発効
2015年（平成27年） 2月24日	障害者差別解消法の基本方針が閣議決定
2016年（平成28年） 4月1日	障害者差別解消法の施行 障害者雇用促進法の改正の施行（一部を除く）
2016年（平成28年） 6月3日	障害者総合支援法[6]の公布 ・自立生活援助・就労定着支援の創設 ※施行日は2018年（平成30年）４月１日
2019年（令和元年） 6月14日	障害者雇用促進法の改正法の公布・施行 ※以後同年９月６日，翌年４月１日と段階的に施行
2021年（令和３年） 6月4日	障害者差別解消法の改正法の公布 ※施行日は2024年（令和６年）４月１日
2022年（令和４年） 5月25日	障害者情報アクセシビリティ・コミュニケーション施策推進法[7]の公布・施行
2022年（令和４年） 6月15日	児童福祉法の改正法の公布 ※施行日は2024年４月１日
2023年（令和５年） 3月14日	障害者差別解消法の基本方針の改定内容が閣議決定 ※施行日は2024年（令和６年）４月１日
2024年（令和６年） 4月1日	障害者差別解消法の改正法の施行 改定された障害者差別解消法の基本方針の施行

6　正式名称：障害者の日常生活及び社会生活を総合的に支援するための法律

7　正式名称：障害者による情報の取得及び利用並びに意思疎通に係る施策の推進に関する法律

【巻末資料６】

参考文献等

・障害者差別解消法解説編集委員会編著『概説障害者差別解消法』（法律文化社，2014年）

・野村茂樹＝池原毅和編『Q&A障害者差別解消法　わたしたちが活かす解消法 みんなでつくる平等社会』（生活書院，2016年）

・DPI日本会議編『合理的配慮，差別的取扱いとは何か　障害者差別解消法・雇用促進法の使い方』（解放出版社，2016年）

・川島聡＝飯野由里子＝西倉実季＝星加良司『合理的配慮　対話を開く，対話が拓く』（有斐閣，2016年）

・池原毅和『精神障害法』（三省堂，2011年）

・独立行政法人日本学生支援機構「合理的配慮ハンドブック～障害のある学生を支援する教職員のために～」（2018年）

・内閣府障害者施策担当作成による「障害を理由とする差別の解消の推進に関する法律Q&A」（2013年６月）

・内閣府作成による「障害を理由とする差別の解消の推進に関する法律について」（2013年11月11日）

・内閣府障害者施策担当作成による「障害者差別解消法【合理的配慮の提供等事例集】」（2023年４月）

・内閣府障害者施策担当作成による「障害者差別の解消の推進に関する地方公共団体への調査結果」（2022年３月）

・内閣府の「障害者の差別解消に向けた理解促進ポータルサイト」（https://shougaisha-sabetukaishou.go.jp/）

・発達障害の支援を考える議員連盟編著『改正発達障害者支援法の解説　正しい理解と支援の拡大を目指して』（ぎょうせい，2017年）

・永野仁美＝長谷川珠子＝富永晃一編『詳説障害者雇用促進法　新たな平等社会の実現に向けて』（弘文堂，2018年）

・障がい者制度改革推進本部「障害」の表記に関する作業チーム「「障害」の表記に

関する検討結果について」(2010年)
・日本放送協会放送用語委員会（東京）「「障害」の表記について」(2019年)
・文化審議会国語文科会「「障害」の表記に関する国語分科会の考え方」(2021年)
・中央法規出版編集部編『障害者差別解消法　事業者のための対応指針（ガイドライン）不当な差別的取扱い・合理的配慮の具体例』（中央法規出版，2016年）
・九州弁護士会連合会・大分県弁護士会編『合理的配慮義務の横断的検討―差別・格差等をめぐる裁判例の考察を中心に』(現代人文社，2017年)
・土橋圭子＝渡辺慶一郎編『発達障害・知的障害のための合理的配慮ハンドブック』（有斐閣，2020年）

索　引

た行

【著者紹介】

水田　進（みずた・すすむ）

TMI総合法律事務所　パートナー弁護士

2004年京都大学法学部卒業。2006年京都大学法科大学院修了。2007年弁護士登録（第一東京弁護士会），TMI総合法律事務所入所。2013年南カリフォルニア大学LL.M.修了，2013年～2014年ラジャタン法律事務所（シンガポール），2014年TMI総合法律事務所復帰。

主な業務分野は，M&A，プライベート・エクイティ投資，買収ファイナンス，一般企業法務，株主総会，商事関連訴訟，国際取引，東南アジア進出・撤退支援，ベンチャー支援，障害福祉・介護福祉等。TMI総合法律事務所・障害福祉プラクティスグループ所属。

障害者関連施設や介護施設等の関連するM&Aや相談も数多く手掛ける。

介護職員初任者研修課程修了，福祉住環境コーディネーター（東京商工会議所），医療的ケア児支援者育成研修修了（東京都）。

【TMI総合法律事務所　障害福祉プラクティスグループ紹介】

当事務所の障害福祉プラクティスグループでは，福祉関係の事業を主に行う企業様に限らず，あらゆる企業の皆様が事業を遂行するにあたって直面する障害福祉関連の諸問題について，総合的なサポートをしています。特に危機管理，ヘルスケア，コーポレート，人事労務，紛争解決等にも精通した専門家を擁し，包括的・多角的なアドバイス・サポートを提供できる体制を整えています。

改正法で民間企業による合理的配慮の提供が義務に

障害者差別解消法と実務対応がわかる本

2023年9月15日　第1版第1刷発行
2024年6月25日　第1版第3刷発行

著　者　水　田　　進
発行者　山　本　　継
発行所　㈱中央経済社
発売元　㈱中央経済グループパブリッシング

〒101-0051　東京都千代田区神田神保町1-35
電話　03（3293）3371（編集代表）
03（3293）3381（営業代表）
https://www.chuokeizai.co.jp
製版／三英グラフィック・アーツ㈱
印刷・製本／㈱デジタルパブリッシングサービス

＊頁の「欠落」や「順序違い」などがありましたらお取り替えいたしますので発売元までご送付ください。（送料小社負担）
ISBN978-4-502-47541-2　C3032